COLLECTION

COMPLETTE

DES ŒUVRES

DE

M. L'ABBÉ DE CONDILLAC.

AVERTISSEMENT.

LE *Cours d'Étude* fera la derniere partie de cette Collection. Les autres Ouvrages de l'Auteur commenceront à paroître cette année, avec des changemens essentiels, mais sans augmentation.

LA LOGIQUE,

OU

LES PREMIERS DÉVELOPPEMENS

DE L'ART DE PENSER;

Ouvrage élémentaire, *que le Conseil prépofé aux Écoles Palatines avoit demandé, & qu'il a honoré de fon approbation.*

Par M. l'Abbé DE CONDILLAC.

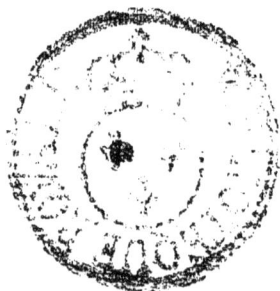

A PARIS,

Chez { L'ESPRIT, Libraire, au Palais Royal.
{ DEBURE l'aîné, Libraire, Quai des Auguftins.

M. DCC. LXXX.

AVEC APPROBATION, ET PRIVILEGE DU ROI.

TABLE

DES CHAPITRES CONTENUS DANS CET·OUVRAGE.

SECONDE PARTIE.

Fin de la Table.

LA LOGIQUE,

OU

LES PREMIERS DÉVELOPPEMENS

DE L'ART DE PENSER.

OBJET DE CET OUVRAGE.

IL étoit naturel aux hommes de suppléer à la foiblesse de leurs bras par les moyens que la nature avoit mis à leur portée ; & ils ont été mécaniciens avant de chercher à l'être. C'est ainsi qu'ils ont été logiciens : ils ont pensé avant de chercher comment on pense. Il falloit même qu'il s'écoulât des siecles pour faire soupçonner que la pensée peut être assujettie à des loix ; & aujourd'hui le plus grand nombre pense encore sans former de pareils soupçons.

A

Cependant un heureux inftinct, qu'on nom-
moit *talent*, c'eft-à-dire, une maniere de voir
plus fûre & mieux fentie, guidoit à leur infçu
les meilleurs efprits. Leurs écrits devenoient des
modeles ; & on chercha dans ces écrits par quel
artifice, inconnu même à eux, ils produifoient
le plaifir & la lumiere. Plus ils étonnoient, plus
on imagina qu'ils avoient des moyens extraor-
dinaires ; & l'on chercha ces moyens extraordi-
naires quand on auroit dû n'en chercher que
de fimples. On crut donc bientôt avoir deviné
les hommes de génie. Mais on ne les devine pas
facilement : leur fecret eft d'autant mieux gardé,
qu'il n'eft pas toujours en leur pouvoir de le
révéler.

On a donc cherché les loix de l'art de penfer où elles n'étoient pas ; & c'eft là vraifemblablement que nous les chercherions nous-
mêmes, fi nous avions à commencer cette recherche. Mais en les cherchant où elles ne font
pas, on nous a montré où elles font ; & nous
pouvons nous flatter de les trouver, fi nous
fçavons mieux obferver qu'on n'a fait.

Or, comme l'art de mouvoir de grandes
maffes a fes loix dans les facultés du corps, &
C'eft une dans les leviers dont nos bras ont appris à fe
comparaifon fervir, l'art de penfer a les fiennes dans les facul-
de Bacon. tés de l'ame, & dans les leviers dont notre

efprit a également appris à fe fervir. Il faut donc obferver ces facultés & ces leviers.

Certainement un homme n'imagineroit pas d'établir des définitions, des axiomes, des principes, s'il vouloit, pour la premiere fois, faire quelque ufage des facultés de fon corps. Il ne le peut pas. Il eft forcé de commencer par fe fervir de fes bras : il lui eft naturel de s'en fervir. Il lui eft également naturel de s'aider de tout ce qu'il fent pouvoir lui être de quelque fecours, & il fe fait bientôt un levier d'un bâton. L'ufage augmente fes forces : l'expérience, qui lui fait remarquer pourquoi il a mal fait, comment il peut mieux faire, développe peu à peu toutes les facultés de fon corps, & il s'inftruit.

C'eft ainfi que la nature nous force de commencer, lorfque pour la premiere fois nous faifons quelque ufage des facultés de notre efprit. C'eft elle qui les regle feule, comme elle a d'abord réglé feule les facultés du corps ; & fi dans la fuite nous fommes capables de les conduire nous-mêmes, ce n'eft qu'autant que nous continuons comme elle nous a fait commencer, & nous devons nos progrès aux premieres leçons qu'elle nous a données. Nous ne commencerons donc pas cette *Logique* par des définitions, des axiomes, des principes : nous commencerons par obferver les leçons que la nature nous donne.

Dans la premiere Partie, nous verrons que l'analyfe eft une méthode que nous avons apprife de la nature même; & nous expliquerons, d'après cette méthode, l'origine & la génération, foit des idées, foit des facultés de l'ame. Dans la feconde, nous confidérerons l'analyfe dans fes moyens & dans fes effets, & l'art de raifonner fera réduit à une langue bien faite.

Cette Logique ne reffemble à aucune de celles qu'on a faites jufqu'à préfent. Mais la maniere neuve dont elle eft traitée, ne doit pas être fon feul avantage; il faut encore qu'elle foit la plus fimple, la plus facile & la plus lumineufe.

PREMIERE PARTIE.

Comment la nature même nous enseigne l'analyse ; & comment, d'après cette méthode, on explique l'origine & la génération, soit des idées, soit des facultés de l'ame.

CHAPITRE PREMIER.

Comment la nature nous donne les premieres leçons de l'art de penser.

Nos sens sont les premieres facultés que nous remarquons. C'est par eux seuls que les impressions des objets viennent jusqu'à l'ame. Si nous avions été privés de la vue, nous ne connoîtrions ni la lumiere, ni les couleurs : si nous avions été privés de l'ouïe, nous n'aurions aucune connoissance des sons : en un mot, si nous n'avions jamais eu aucun sens, nous ne connoîtrions aucun des objets de la nature.

La faculté de sentir est la premiere des facultés de l'ame.

Mais, pour connoître ces objets, suffit-il d'avoir des sens ? Non sans doute ; car les mêmes sens nous sont communs à tous, & cependant

nous n'avons pas tous les mêmes connoiſſances.
Cette inégalité ne peut provenir que de ce que
nous ne ſçavons pas tous faire également de
nos ſens l'uſage pour lequel ils nous ont été
donnés. Si je n'apprends pas à les régler, j'ac-
querrai moins de connoiſſances qu'un autre ; par
la même raiſon qu'on ne danſe bien, qu'autant
qu'on apprend à régler ſes pas. Tout s'apprend,
& il y a un art pour conduire les facultés de l'eſprit, comme il y en a un pour conduire les facultés du corps. Mais on n'apprend à conduire
celles-ci que parce qu'on les connoît : il faut
donc connoître celles-là, pour apprendre à les
conduire.

Les ſens ne ſont que la cauſe occaſionnelle des
impreſſions que les objets font ſur nous. C'eſt
l'ame qui ſent ; c'eſt à elle ſeule que les ſenſations appartiennent ; & ſentir eſt la premiere
faculté que nous remarquons en elle. Cette faculté ſe diſtingue en cinq eſpeces, parce que
nous avons cinq eſpeces de ſenſations. L'ame
ſent par la vue, par l'ouïe, par l'odorat, par
le goût, & principalement par le toucher.

Nous la ſçau-
rons régler,
quand nous
ſçaurons ré-
gler nos ſens.

Dès que l'ame ne ſent que par les organes du
corps, il eſt évident que nous apprendrons à
conduire avec regles la faculté de ſentir de notre
ame, ſi nous apprenons à conduire avec regles nos
organes ſur les objets que nous voulons étudier.

Mais comment apprendre à bien conduire fes fens ? En faifant ce que nous avons fait lorfque nous les avons bien conduits. Il n'y a perfonne à qui il ne foit arrivé de les bien conduire, quelquefois au moins. C'eft une chofe fur laquelle les befoins & l'expérience nous inftruifent promptement : les enfans en font la preuve. Ils acquierent des connoiffances fans notre fecours ; ils en acquierent malgré les obftacles que nous mettons au développement de leurs facultés. Ils ont donc un art pour en acquérir. Il eft vrai qu'ils en fuivent les regles à leur infçu ; mais ils les fuivent. Il ne faut donc que leur faire remarquer ce qu'ils font quelquefois, pour leur apprendre à le faire toujours ; & il fe trouvera que nous ne leur apprendrons que ce qu'ils fçavoient faire. Comme ils ont commencé feuls à développer leurs facultés, ils fentiront qu'ils les peuvent developper encore, s'ils font, pour achever ce développement, ce qu'ils ont fait pour le commencer. Ils fe fentiront d'autant plus, qu'ayant commencé avant d'avoir rien appris, ils ont bien commencé, parce que c'eft la nature qui commençoit pour eux.

C'eft la nature, c'eft-à-dire, nos facultés déterminées par nos befoins : car les befoins & les facultés font proprement ce que nous nommons la nature de chaque animal ; & par-là nous ne

Nous fçaurons régler ceux-ci, quand nous aurons remarqué comment nous les avons bien conduits quelquefois.

C'eft la nature, c'eft-à-dire, ce font nos facultés déterminées par nos befoins, qui voulons dire autre chofe, finon qu'un animal eft né avec tels befoins & telles facultés. Mais parce que ces befoins & ces facultés dépendent de l'organifation, & varient comme elle, c'eft une conféquence que par la nature nous entendions la conformation des organes : & en effet, c'eft là ce qu'elle eft dans fon principe.

Les animaux qui s'élevent dans les airs, ceux qui ne vont que terre à terre, ceux qui vivent dans les eaux, font autant d'efpeces qui, étant conformées différemment, ont chacune des befoins & des facultés qui ne font qu'à elles, ou, ce qui eft la même chofe, ont chacune leur nature.

C'eft cette nature qui commence; & elle commence toujours bien, parce qu'elle commence feule. L'Intelligence qui l'a créée l'a voulu; elle lui a tout donné pour bien commencer. Il falloit que chaque animal pût veiller de bonne heure à fa confervation : il ne pouvoit donc s'inftruire trop promptement, & les leçons de la nature devoient être auffi promptes que fûres.

Un enfant n'apprend que parce qu'il fent le befoin de s'inftruire. Il a, par exemple, un intérêt à connoître fa nourrice, & il la connoît bientôt : il la démêle entre plufieurs perfonnes; il ne la confond avec aucune; & connoître n'eft que cela. En effet, nous n'acquérons des connoiffances qu'à proportion que nous démêlons une plus grande quantité de chofes, & que nous remarquons mieux les qualités qui les diftinguent : nos connoiffances commencent au premier objet que nous avons appris à <u>démêler</u>.

Celles qu'un enfant a de fa nourrice ou de toute autre chofe, ne font encore pour lui que des qualités fenfibles. Il ne les a donc acquifes que par la maniere dont il a conduit fes fens. Un befoin preffant peut lui faire porter un faux jugement, parce qu'il le fait juger à la hâte ; mais l'erreur ne peut être que momentanée. Trompé dans fon attente, il fent bientôt la néceffité de juger une feconde fois, & il juge mieux : l'expérience, qui veille fur lui, corrige fes méprifes. Croit-il voir fa nourrice, parce qu'il apperçoit dans l'éloignement une perfonne qui lui reffemble ? Son erreur ne dure pas. Si un premier coup d'œil l'a trompé, un fecond le détrompe, & il la cherche des yeux.

Ainfi les fens détruifent fouvent eux-mêmes les erreurs où ils nous ont fait tomber : c'est que fi une premiere obfervation ne répond pas au befoin pour lequel nous l'avons faite, nous fommes avertis par-là que nous avons mal obfervé, & nous fentons la néceffité d'obferver de nouveau. Ces avertiffemens ne nous manquent jamais, lorfque les chofes fur lefquelles

Comment la nature l'avertit de fes méprifes.

nous nous trompons, nous font abfolument néceffaires : car, dans la jouiffance, la douleur
vient à la fuite d'un jugement faux, comme le
plaifir vient à la fuite d'un jugement vrai. Le
plaifir & la douleur, voilà donc nos premiers
maîtres : ils nous éclairent, parce qu'ils nous
avertiffent fi nous jugeons bien, ou fi nous jugeons mal ; & c'eft pourquoi, dans l'enfance,
nous faifons fans fecours des progrès qui paroiffent auffi rapides qu'étonnans.

Pourquoi
elle ceffe de
l'avertir.
Un art de raifonner nous feroit donc tout-à-
fait inutile, s'il ne nous falloit jamais juger que
des chofes qui fe rapportent aux befoins de premiere néceffité. Nous raifonnerions naturellement bien, parce que nous réglerions nos jugemens fur les avertiffemens de la nature. Mais à
peine nous commençons à fortir de l'enfance,
que nous portons déja une multitude de jugemens, fur lefquels la nature ne nous avertit plus.
Au contraire il femble que le plaifir accompagne
les jugemens faux comme les jugemens vrais, &
nous nous trompons avec confiance : c'eft que
dans ces occafions la curiofité eft notre unique
befoin, & que la curiofité ignorante fe contente
de tout. Elle jouit de fes erreurs avec une forte
de plaifir ; elle s'y attache fouvent avec opiniâ-
treté, prenant un mot qui ne fignifie rien, pour
une réponfe, & n'étant pas capable de recon-

noître que cette réponse n'est qu'un mot. Alors nos erreurs sont durables. Si, comme il n'est que trop ordinaire, nous avons jugé des choses qui ne sont pas à notre portée, l'expérience ne sçauroit nous détromper ; & si nous avons jugé des autres avec précipitation, elle ne nous détrompe pas davantage, parce que notre prévention ne nous permet pas de la consulter.

Les erreurs commencent donc lorsque la nature cesse de nous avertir de nos méprises ; c'est-à-dire, lorsque jugeant des choses qui ont peu de rapport aux besoins de premiere nécessité, nous ne sçavons pas éprouver nos jugemens, pour reconnoître s'ils sont vrais ou s'ils sont faux (*Cours d'Etude* , *Hist. anc. L. 3, c. 3.*) [a].

Mais enfin, puisqu'il y a des choses dont nous

[a] Pour apprendre un art mécanique, il ne suffit pas d'en concevoir la théorie, il en faut acquérir la pratique : car la théorie n'est que la connoissance des regles ; & l'on n'est pas mécanicien par cette seule connoissance ; on ne l'est que par l'habitude d'opérer. Cette habitude une fois acquise, les regles deviennent inutiles ; on n'a plus besoin d'y penser, & on fait bien, en quelque sorte, naturellement.

C'est ainsi qu'il faut apprendre l'art de raisonner. Il ne suffiroit pas de concevoir cette Logique : si l'on ne se fait pas une habitude de la méthode qu'elle enseigne, & si cette habitude n'est pas telle, qu'on puisse raisonner bien sans avoir besoin de penser aux regles, on n'aura pas la

jugeons bien, même dès l'enfance, il n'y a qu'à obferver comment nous nous fommes conduits pour en juger, & nous fçaurons comment nous devons nous conduire pour juger des autres. Il fuffira de continuer comme la nature nous a fait commencer ; c'eft-à-dire, d'obferver, & de mettre nos jugemens à l'épreuve de l'obfervation & de l'expérience.

C'eft ce que nous avons tous fait dans notre premiere enfance ; & fi nous pouvions nous rappeller cet âge, nos premieres études nous mettroient fur la voie pour en faire d'autres avec fruit. Alors chacun de nous faifoit des découvertes qu'il ne devoit qu'à fes obfervations & à

---

pratique de l'art de raifonner ; on n'en aura que la théorie.

Cette habitude, comme toutes les autres, ne peut fe contracter que par un long exercice. Il faut donc s'exercer fur beaucoup d'objets. J'indique ici les lectures qu'il faudra faire à cet effet, & je les indiquerai ailleurs de la même maniere. Mais parce qu'on acquiert la pratique d'un art d'autant plus facilement qu'on en conçoit mieux la théorie, on fera bien de ne faire les lectures auxquelles je renvoie, que lorfqu'on aura faifi l'efprit de cette Logique ; ce qui demande qu'on la life au moins une fois.

Quand on aura faifi l'efprit de cette Logique, on la recommencera ; & à mefure qu'on avancera, on fera les lectures que j'indique. J'ofe promettre à ceux qui l'étudieront ainfi, qu'ils acquerront pour toutes leurs études une facilité dont ils feront étonnés : j'en ai l'expérience.

son expérience ; & nous en ferions encore aujourd'hui, si nous sçavions suivre le chemin que la nature nous avoit ouvert.

Il ne s'agit donc pas d'imaginer nous-mêmes un syftême, pour sçavoir comment nous devons acquérir des connoissances : gardons-nous-en bien. La nature a fait ce syftême elle-même ; elle pouvoit seule le faire : elle l'a bien fait, & il ne nous refte qu'à obferver ce qu'elle nous apprend.

Il femble que pour étudier la nature, il faudroit obferver dans les enfans les premiers développemens de nos facultés, ou fe rappeller ce qui nous eft arrivé à nous-mêmes. L'un & l'autre font difficiles. Nous ferions fouvent réduits à la néceffité de faire des fuppofitions. Mais des fuppofitions auroient l'inconvénient de paroître quelquefois gratuites, & d'autrefois d'exiger qu'on fe mît dans des fituations où tout le monde ne fçauroit pas fe placer. Il fuffit d'avoir remarqué que les enfans n'acqueirent de vraies connoissances, que parce que n'obfervant que des chofes relatives aux befoins les plus urgens, ils ne fe trompent pas ; ou que s'ils fe trompent, ils font auffi-tôt avertis de leurs méprifes. Bornons-nous à rechercher comment aujourd'hui nous nous conduifons nous-mêmes, lorfque nous acquérons des connoissances. Si nous pouvons nous affurer des quelques - unes , & de la maniere dont nous les avons acquifes , nous fçaurons comment nous en pouvons acquérir d'autres.

CHAPITRE II.

Que l'analyfe eft l'unique méthode pour acquérir
des connoiffances. Comment nous l'apprenons
de la nature même.

Un premier coup d'œil ne donne point d'idée des chofes qu'on voit.

JE fuppofe un château qui domine fur une campagne vafte , abondante , où la nature s'eft plue à répandre la variété , & où l'art a fçu profiter des fituations , pour les varier & embellir encore. Nous arrivons dans ce château pendant la nuit. Le lendemain les fenêtres s'ouvrent au moment où le foleil commence à dorer l'horizon , & elles fe referment auffi-tôt.

Quoique cette campagne ne fe foit montrée à nous qu'un inftant , il eft certain que nous avons vu tout ce qu'elle renferme. Dans un fecond inftant nous n'aurions fait que recevoir les mêmes impreffions que les objets ont faites fur nous dans le premier. Il en feroit de même dans un troifieme. Par conféquent fi l'on n'avoit pas refermé les fenêtres , nous n'aurions continué de voir que ce que nous avions d'abord vu.

Mais ce premier inſtant ne ſuffit pas pour nous faire connoître cette campagne, c'eſt-à-dire, pour nous faire démêler les objets qu'elle renferme : c'eſt pourquoi, lorſque les fenêtres ſe ſont refermées, aucun de nous n'auroit pu rendre compte de ce qu'il a vu. Voilà comment on peut voir beaucoup de choſes, & ne rien apprendre.

Enfin les fenêtres ſe rouvrent pour ne plus ſe refermer, tant que le ſoleil ſera ſur l'horizon, & nous revoyons long-temps tout ce que nous avons d'abord vu. Mais ſi, ſemblables à des hommes en extaſe, nous continuons, comme au premier inſtant, de voir à-la-fois cette multitude d'objets différens, nous n'en ſçaurons pas plus lorſque la nuit ſurviendra, que nous n'en ſçavions lorſque les fenêtres qui venoient de s'ouvrir, ſe ſont tout-à-coup refermées.

Pour s'en former des idées, il les faut obſerver l'une après l'autre.

Pour avoir une connoiſſance de cette campagne, il ne ſuffit donc pas de la voir toute à-la-fois; il en faut voir chaque partie l'une après l'autre; & au lieu de tout embraſſer d'un coup d'œil, il faut arrêter ſes regards ſucceſſivement d'un objet ſur un objet. Voilà ce que la nature nous apprend à tous. Si elle nous a donné la faculté de voir une multitude de choſes à-la-fois, elle nous a donné auſſi la faculté de n'en regarder qu'une, c'eſt-à-dire, de diriger nos yeux ſur une ſeule; & c'eſt à cette faculté, qui eſt une fuite de notre organifation, que nous devons toutes les connoiffances que nous acquérons par la vue.

Cette faculté nous eft commune à tous. Cependant, fi dans la fuite nous voulons parler de cette campagne, on remarquera que nous ne la connoiffons pas tous également bien. Quelques-uns feront des tableaux plus ou moins vrais, où l'on retrouvera beaucoup de chofes comme elles font en effet; tandis que d'autres, brouillant tout, feront des tableaux où il ne fera pas poffible de rien reconnoître. Chacun de nous néanmoins a vu les mêmes objets; mais les regards des uns étoient conduits comme au hafard, & ceux des autres fe dirigeoient avec un certain ordre.

Et pour les concevoir telles qu'elles font, il faut que l'ordre fucceffif dans lequel on les obferve, les raffemble dans l'ordre fimultané qui eft entre elles.

Or quel eft cet ordre ? La nature l'indique elle-même; c'eft celui dans lequel elle offre les objets. Il y en a qui appellent plus particuliérement les regards; ils font plus frappans; ils dominent; & tous les autres femblent s'arranger autour d'eux pour eux. Voilà ceux qu'on obferve d'abord; & quand on a remarqué leur fituation refpective, les autres fe mettent dans les intervalles, chacun à leur place.

On commence donc par les objets principaux: on les obferve fucceffivement, & on les compare, pour juger des rapports où ils font. Quand, par ce moyen, on a leur fituation refpective,

on

on obferve fucceffivement tous ceux qui rem-
pliffent les intervalles, on les compare chacun
avec l'objet principal le plus prochain, & on
en détermine la pofition.

Alors on démêle tous les objets dont on a
faifi la forme & la fituation, & on les embraffe
d'un feul regard. L'ordre qui eft entre eux dans
notre efprit, n'eft donc plus fucceffif; il eft
fimultané. C'eft celui-là même dans lequel ils
exiftent, & nous les voyons tous à-la-fois d'une
maniere diftincte.

Ce font là des connoiffances que nous devons
uniquement à l'art avec lequel nous avons di-
rigé nos regards. Nous ne les avons acquifes que
l'une après l'autre : mais une fois acquifes, elles
font toutes en même temps préfentes à l'efprit,
comme les objets qu'elles nous retracent font
tous préfens à l'œil qui les voit.

Par ce moyen l'efprit peut embraffer une grande quantité d'idees.

Il en eft donc de l'efprit comme de l'œil : il
voit à-la-fois une multitude de chofes; & il ne
faut pas s'en étonner, puifque c'eft à l'ame
qu'appartiennent toutes les fenfations de la vue.

Cette vue de l'efprit s'étend comme la vue
du corps : fi l'on eft bien organifé, il ne faut à
l'une & à l'autre que de l'exercice, & on ne
fçauroit en quelque forte circonfcrire l'efpace
qu'elles embraffent. En effet, un efprit exercé
voit dans un fujet qu'il médite, une multitude

de rapports que nous n'appercevons pas ; comme les yeux exercés d'un grand peintre démêlent en un moment, dans un payſage, une multitude de choſes que nous voyons avec lui, & qui cependant nous échappent.

Nous pouvons, en nous tranſportant de château en château, étudier de nouvelles campagnes, & nous les retracer comme la premiere. Alors il nous arrivera, ou de donner la préférence à quelqu'une, ou de trouver qu'elles ont chacune leur agrément. Mais nous n'en jugeons que parce que nous les comparons : nous ne les comparons que parce que nous nous les retraçons toutes en même temps. L'eſprit voit donc plus que l'œil ne peut voir.

Parce qu'en obſervant ainſi, il décompoſe les choſes pour les recompoſer, il s'en fait des idées exactes & diſtinctes.

Si maintenant nous réfléchiſſons ſur la maniere dont nous acquérons des connoiſſances par la vue, nous remarquerons qu'un objet fort compoſé, tel qu'une vaſte campagne, ſe décompoſe en quelque ſorte, puiſque nous ne le connoiſſons que lorſque ſes parties ſont venues, l'une après l'autre, s'arranger avec ordre dans l'eſprit.

Nous avons vu dans quel ordre ſe fait cette décompoſition. Les principaux objets viennent d'abord ſe placer dans l'eſprit ; les autres y viennent enſuite, & s'y arrangent ſuivant les rapports où ils ſont avec les premiers. Nous ne faiſons cette décompoſition que parce qu'un inſtant

ne nous fuffit pas pour étudier tous ces objets.
Mais nous ne décompofons que pour recompofer; & lorfque les connoiffances font acquifes,
les chofes, au lieu d'être fucceffives, ont dans
l'efprit le même ordre fimultané qu'elles ont au
dehors. C'eft dans cet ordre fimultané que confifte la connoiffance que nous en avons : car fi
nous ne pouvions nous les retracer enfemble,
nous ne pourrions jamais juger des rapports où
elles font entre elles, & nous les connoîtrions
mal.

Analyfer n'eft donc autre chofe qu'obferver
dans un ordre fucceffif les qualités d'un objet,
afin de leur donner dans l'efprit l'ordre fimultané
dans lequel elles exiftent. C'eft ce que la nature
nous fait faire à tous. L'analyfe, qu'on croit
n'être connue que des philofophes, eft donc
connue de tout le monde, & je n'ai rien appris
au lecteur; je lui ai feulement fait remarquer ce
qu'il fait continuellement.

Quoique d'un coup d'œil je démêle une multitude d'objets dans une campagne que j'ai étudiée, cependant la vue n'eft jamais plus diftincte
que lorfqu'elle fe circonfcrit elle-même, & que
nous ne regardons qu'un petit nombre d'objets
à-la-fois : nous en difcernons toujours moins
que nous n'en voyons.

Il en eft de même de la vue de l'efprit. J'ai à-

*Cette dé-
compofition
& recompo-
fition eft ce
qu'on nom-
me analyfe.*

*L'analyfe de
la penfée fe
fait de la mê-
me maniere
que l'analyfe
des objets
fenfibles.*

la-fois préfentes un grand nombre de connoiffances qui me font devenues familieres : je les
vois toutes, mais je ne les démêle pas également. Pour voir d'une maniere diftincte tout ce
qui s'offre à-la-fois dans mon efprit, il faut que
je décompofe comme j'ai décompofé ce qui s'of-
froit à mes yeux ; il faut que j'analyfe ma
penfée.

Cette analyfe ne fe fait pas autrement que
celle des objets extérieurs. On décompofe de
même : on fe retrace les parties de fa penfée
dans un ordre fucceffif, pour les rétablir dans
un ordre fimultané : on fait cette compofition &
cette décompofition en fe conformant aux rapports qui font entre les chofes , comme principales & comme fubordonnées ; & parce qu'on
n'analyferoit pas une campagne , fi la vue ne
l'embraffoit pas toute entiere , on n'analyferoit
pas fa penfée , fi l'efprit ne l'embraffoit pas toute
entiere également. Dans l'un & l'autre cas , il
faut tout voir à-la-fois ; autrement on ne pourroit pas s'affurer d'avoir vu l'une après l'autre
toutes les parties.

CHAPITRE III.

Que l'analyſe fait les eſprits juſtes.

Chacun de nous peut remarquer qu'il ne connoît les objets ſenſibles que par les ſenſations qu'il en reçoit : ce ſont les ſenſations qui nous les repréſentent.

Si nous ſommes aſſurés que lorſqu'ils ſont préſens, nous ne les voyons que dans les ſenſations qu'ils ſont actuellement ſur nous, nous ne le ſommes pas moins que lorſqu'ils ſont abſens, nous ne les voyons que dans le ſouvenir des ſenſations qu'ils ont faites. Toutes les connoiſſances que nous pouvons avoir des objets ſenſibles, ne ſont donc, dans le principe, & ne peuvent être que des ſenſations.

Les ſenſations, conſidérées comme repréſentant les objets ſenſibles, ſe nomment *idées* ; expreſſion figurée, qui au propre ſignifie la même choſe qu'*images*.

Autant nous diſtinguons de ſenſations différentes, autant nous diſtinguons d'eſpeces d'idées ; & ces idées ſont ou des ſenſations actuelles, ou elles ne ſont qu'un ſouvenir des ſenſations que nous avons eues.

Les ſenſations conſidérées comme repréſentant les objets ſenſibles, ſont proprement ce qu'on nomme idées.

C'est l'ana-
lyse seule qui
donne des
idées exactes
ou de vraies
connoiffan-
ces.

Quand nous les acquérons par la méthode
analytique découverte dans le Chapitre précédent, elles s'arrangent avec ordre dans l'efprit ;
elles y confervent l'ordre que nous leur avons
donné, & nous pouvons facilement nous les retracer avec la même netteté avec laquelle nous
les avons acquifes. Si, au lieu de les acquérir par
cette méthode, nous les accumulons au hafard,
elles feront dans une grande confufion, & elles
y refteront. Cette confufion ne permettra plus à
l'efprit de fe les rappeller d'une maniere diftincte ;
& fi nous voulons parler des connoiffances que
nous croyons avoir acquifes, on ne comprendra
rien à nos difcours, parce que nous n'y com-
prendrons rien nous-mêmes. Pour parler d'une
maniere à fe faire entendre, il faut concevoir
& rendre fes idées dans l'ordre analytique, qui
décompofe & recompofe chaque penfée. Cet
ordre eft le feul qui puiffe leur donner toute la
clarté & toute la précifion dont elles font fuf-
ceptibles ; & comme nous n'avons pas d'autre
moyen pour nous inftruire nous-mêmes, nous
n'en avons pas d'autre pour communiquer nos
connoiffances. Je l'ai déja prouvé, mais j'y re-
viens, & j'y reviendrai encore ; car cette vérité
n'eft pas affez connue ; elle eft même combattue,
quoique fimple, évidente & fondamentale.

En effet, que je veuille connoître une machine, je la décomposerai, pour en étudier féparément chaque partie. Quand j'aurai de chacune une idée exacte, & que je pourrai les remettre dans le même ordre où elles étoient, alors je concevrai parfaitement cette machine, parce que je l'aurai décomposée & recomposée.

Qu'eft-ce donc que concevoir cette machine ? C'eft avoir une penfée qui eft compofée d'autant d'idées qu'il y a de parties dans cette machine même, d'idées qui les repréfentent chacune exactement, & qui font difpofées dans le même ordre.

Lorfque je l'ai étudiée avec cette méthode, qui eft la feule, alors ma penfée ne m'offre que des idées diftinctes ; & elle s'analyfe d'elle-même, foit que je veuille m'en rendre compte, foit que je veuille en rendre compte aux autres.

Chacun peut fe convaincre de cette vérité par fa propre expérience ; il n'y a pas même jufqu'aux plus petites couturieres qui n'en foient convaincues : car fi, leur donnant pour modele une robe d'une forme finguliere, vous leur propofez d'en faire une femblable, elles imagineront naturellement de défaire & de refaire ce modele, pour apprendre à faire la robe que vous demandez. Elles fçavent donc l'analyfe auffi-bien que les philofophes, & elles en connoiffent l'utilité beaucoup mieux que ceux qui s'obftinent à

Cette méthode eft connue de tout le monde.

B iv

foutenir qu'il y a une autre méthode pour s'inftruire.

Croyons avec elles qu'aucune autre méthode
ne peut fuppléer à l'analyfe. Aucune autre ne
peut répandre la même lumiere : nous en aurons
la preuve toutes les fois que nous voudrons étudier un objet un peu compofé. Cette méthode ,
nous ne l'avons pas imaginée ; nous ne l'avons
que trouvée , & nous ne devons pas craindre
qu'elle nous égare. Nous aurions pu , avec les
philofophes , en inventer d'autres , & mettre un
ordre quelconque entre nos idées : mais cet ordre , qui n'auroit pas été celui de l'analyfe , auroit mis dans nos penfées la même confufion
qu'il a mife dans leurs écrits : car il femble que
plus ils affichent l'ordre , plus ils s'embarraffent,
& moins on les entend. Ils ne fçavent pas que
l'analyfe peut feule nous inftruire ; vérité pratique connue des artifans les plus groffiers.

Il y a des efprits juftes qui paroiffent n'avoir
rien étudié , parce qu'ils ne paroiffent pas avoir
médité pour s'inftruire : cependant ils ont fait
des études , & ils les ont bien faites. Comme ils
les faifoient fans deffein prémédité , ils ne fon-
geoient pas à prendre des leçons d'aucun maître, & ils ont eu le meilleur de tous , la nature.
C'eft elle qui leur a fait faire l'analyfe des chofes
qu'ils étudioient ; & le peu qu'ils fçavent , ils le

C'eft par el-
le que les ef-
prits juftes fe
font formés.

ſçavent bien. L'inſtinct, qui eſt un guide ſi ſûr ;
le goût, qui juge ſi bien, & qui cependant juge
au moment même qu'il ſent ; les talens, qui ne
ſont eux-mêmes que le goût, lorſqu'il produit ce
dont il eſt le juge ; toutes ces facultés ſont l'ouvrage de la nature, qui, en nous faiſant analyſer
à notre inſçu, ſemble vouloir nous cacher tout
ce que nous lui devons. C'eſt elle qui inſpire
l'homme de génie ; elle eſt la Muſe qu'il invo-
que, lorſqu'il ne ſçait pas d'où lui viennent ſes
penſées.

Il y a des eſprits faux qui ont fait de grandes
études. Ils ſe piquent de beaucoup de méthode,
& ils n'en raiſonnent que plus mal : c'eſt que
lorſqu'une méthode n'eſt pas la bonne, plus on
la ſuit, plus on s'égare. On prend pour principes
des notions vagues, des mots vuides de ſens ; on
ſe fait un jargon ſcientifique, dans lequel on croit
voir l'évidence ; & cependant on ne ſçait dans
le vrai ni ce qu'on voit, ni ce qu'on penſe, ni
ce qu'on dit. On ne ſera capable d'analyſer ſes
penſées qu'autant qu'elles ſeront elles - mêmes
l'ouvrage de l'analyſe.

C'eſt donc, encore une fois, par l'analyſe, &
par l'analyſe ſeule, que nous devons nous inſtrui-
re. C'eſt la voie la plus ſimple, parce qu'elle eſt la
plus naturelle ; & nous verrons qu'elle eſt encore
la plus courte. C'eſt elle qui a fait toutes les dé-

Les mauvaiſes méthodes font les eſprits faux.

couvertes; c'eft par elle que nous retrouverons tout ce qui a été trouvé; & ce qu'on nomme *méthode d'invention*, n'eft autre chofe que l'analyfe. (*Cours d'Etude, Art de penfer, part.* 2, *chap. 4.*)

CHAPITRE IV.

Comment la nature nous fait obferver les objets fenfibles, pour nous donner des idées de différentes efpeces.

On ne peut inftruire qu'enconduifant du connu à l'inconnu.

*N*OUS *ne pouvons aller que du connu à l'inconnu*, eft un principe bien trivial dans la théorie, & prefque ignoré dans la pratique. Il femble qu'il ne foit fenti que par les hommes qui n'ont point étudié. Quand ils veulent vous faire comprendre une chofe que vous ne connoiffez pas, ils prennent une comparaifon dans une autre que vous connoiffez; & s'ils ne font pas toujours heureux dans le choix des comparaifons, ils font voir au moins qu'ils fentent ce qu'il faut faire pour être entendus.

Il n'en eft pas de même des fçavans. Quoiqu'ils veuillent inftruire, ils oublient volontiers d'aller du connu à l'inconnu. Cependant, fi vous voulez me faire concevoir des idées que je n'ai pas, il faut me prendre aux idées que j'ai. C'eft à ce que je fçais que commence tout ce que j'ignore, tout ce qu'il eft poffible d'apprendre ; & s'il y a une méthode pour me donner de nouvelles connoiffances, elle ne peut être que la méthode même qui m'en a déja donné.

En effet, toutes nos connoiffances viennent des fens, celles que je n'ai pas comme celles que j'ai ; & ceux qui font plus fçavans que moi, ont été auffi ignorans que je le fuis aujourd'hui. Or, s'ils fe font inftruits en allant du connu à l'inconnu, pourquoi ne m'inftruirois-je pas en allant comme eux du connu à l'inconnu ? Et fi chaque connoiffance que j'acquiers me prépare à une connoiffance nouvelle, pourquoi ne pourrois-je pas aller, par une fuite d'analyfes, de connoiffance en connoiffance ? En un mot, pourquoi ne trouverois-je pas ce que j'ignore dans des fenfations où ils l'ont trouvé, & qui nous font communes ?

Sans doute ils me feroient facilement découvrir tout ce qu'ils ont découvert, s'ils fçavoient toujours eux-mêmes comment ils fe font inftruits. Mais ils l'ignorent, parce que c'eft une chofe qu'ils ont mal obfervée, ou à laquelle la plupart n'ont pas même penfé. Certainement ils ne fe font inftruits qu'autant qu'ils ont fait des analyfes, & qu'ils les ont bien faites. Mais ils ne le remarquoient pas : la nature les faifoit en

quelque forte en eux fans eux ; & ils aimoient
à croire que l'avantage d'acquérir des connoiffances eft un don, un talent qui ne fe communique pas facilement. Il ne faut donc pas s'étonner
fi nous avons de la peine à les entendre : dès
qu'on fe pique de talens privilégiés, on n'eft pas
fait pour fe mettre à la portée des autres.

Quoi qu'il en foit, tout le monde eft forcé de
reconnoître que nous ne pouvons aller que du
connu à l'inconnu. Voyons l'ufage que nous
pouvons faire de cette vérité.

Quiconque
a acquis des
connoiffan-
ces, peut en
acquérir en-
core.

Encore enfans, nous avons acquis des connoiffances par une fuite d'obfervations & d'analyfes. C'eft donc à ces connoiffances que nous devons recommencer pour continuer nos études. Il
faut les obferver, les analyfer, & découvrir,
s'il eft poffible, tout ce qu'elles renferment.

Ces connoiffances font une collection d'idées ;
& cette collection eft un fyftême bien ordonné,
c'eft-à-dire, une fuite d'idées exactes, où l'analyfe a mis l'ordre qui eft entre les chofes mêmes.
Si les idées étoient peu exactes & fans ordre,
nous n'aurions que des connoiffances imparfaites, qui même ne feroient pas proprement des
connoiffances. Mais il n'y a perfonne qui n'ait
quelque fyftême d'idées exactes bien ordonnées ;
fi ce n'eft pas fur des matieres de fpéculation, ce
fera du moins fur des chofes d'ufage, relatives à

nos besoins. Il n'en faut pas davantage. C'est à ces idées qu'il faut prendre ceux qu'on veut instruire ; & il est évident qu'il faut leur en faire remarquer l'origine & la génération, si de ces idées on veut les conduire à d'autres.

Or, si nous observons l'origine & la génération des idées, nous les verrons naître successivement les unes des autres ; & si cette succession est conforme à la maniere dont nous les acquérons, nous en aurons bien fait l'analyse. L'ordre de l'analyse est donc ici l'ordre même de la génération des idées.

Les idées naissent successivement les unes des autres.

Nous avons dit que les idées des objets sensibles ne font, dans leur origine, que les sensations qui représentent ces objets. Mais il n'existe dans la nature que des individus : donc nos premieres idées ne font que des idées individuelles, des idées de tel ou tel objet.

Nos premieres idées font des idées individuelles.

Nous n'avons pas imaginé des noms pour chaque individu ; nous avons seulement distribué les individus dans différentes classes, que nous distinguons par des noms particuliers ; & ces classes font ce qu'on nomme *genres* & *especes*. Nous avons, par exemple, mis dans la classe d'*arbre*, les plantes dont la tige s'éleve à une certaine hauteur, pour se diviser en une multitude de branches, & former de tous ses rameaux une touffe plus ou moins grande. Voilà une classe gé-

En classant les idées, on forme des genres & des especes.

nérale qu'on nomme *genre*. Lorſqu'enſuite on a obſervé que les arbres different par la grandeur, par la ſtructure, par les fruits, &c. on a diſtingué d'autres claſſes ſubordonnées à la premiere qui les comprend toutes ; & ces claſſes ſubordonnées ſont ce qu'on nomme *eſpeces*.

C'eſt ainſi que nous diſtribuons dans différentes claſſes toutes les choſes qui peuvent venir à notre connoiſſance : par ce moyen, nous leur donnons à chacune une place marquée, & nous ſçavons toujours où les reprendre. Oublions ces claſſes pour un moment, & imaginons qu'on eût donné à chaque individu un nom différent : nous ſentons auſſi-tôt que la multitude des noms eût fatigué notre mémoire pour tout confondre, & qu'il nous eût été impoſſible d'étudier les objets qui ſe multiplient ſous nos yeux, & de nous en faire des idées diſtinctes.

Rien n'eſt donc plus raiſonnable que cette diſtribution ; & quand on conſidere combien elle nous eſt utile, ou même néceſſaire, on ſeroit porté à croire que nous l'avons faite à deſſein. Mais on ſe tromperoit : ce deſſein appartient uniquement à la nature ; c'eſt elle qui a commencé à notre inſçu.

Les idées individuelles deviennent tout-à-coup générales.

Un enfant nommera *arbre*, d'après nous, le premier arbre que nous lui montrerons, & ce nom ſera pour lui le nom d'un individu. Cepen-

dant, si on lui montre un autre arbre, il n'imagi-
nera pas d'en demander le nom : il le nommera
arbre, & il rendra ce nom commun à deux individus. Il le rendra de même commun à trois, à
quatre, & enfin à toutes les plantes qui lui pa-
roîtront avoir quelque ressemblance avec les premiers arbres qu'il a vus. Ce nom deviendra même
si général, qu'il nommera *arbre* tout ce que nous
nommons *plante*. Il est naturellement porté à généraliser, parce qu'il lui est plus commode de
se servir d'un nom qu'il sçait, que d'en apprendre un nouveau. Il généralise donc sans avoir
formé le dessein de généraliser, & sans même
remarquer qu'il généralise. C'est ainsi qu'une idée
individuelle devient tout-à-coup générale : souvent même elle le devient trop ; & cela arrive
toutes les fois que nous confondons des choses
qu'il eût été utile de distinguer.

Cet enfant le sentira bientôt lui-même. Il ne
dira pas, *J'ai trop généralisé ; il faut que je dis-
tingue différentes especes d'arbres* : il formera,
sans dessein & sans le remarquer, des classes
subordonnées, comme il a formé sans dessein &
sans le remarquer, une classe générale. Il ne fera
qu'obéir à ses besoins. C'est pourquoi je dis qu'il
fera ces distributions naturellement & à son insçu.
En effet, si on le mene dans un jardin, & qu'on
lui fasse cueillir & manger différentes sortes de

Les idées générales se sous-divisent en différen-tes especes.

fruits, nous verrons qu'il apprendra bientôt les noms de cerifier, pêcher, poirier, pommier, & qu'il diftinguera différentes efpeces d'arbres.

Nos idées commencent donc par être individuelles, pour devenir tout-à-coup auffi générales qu'il eft poffible; & nous ne les diftribuons enfuite dans différentes claffes qu'autant que nous fentons le befoin de les diftinguer. Voilà l'ordre de leur génération.

Puifque nos befoins font le motif de cette diftribution, c'eft pour eux qu'elle fe fait. Les claffes, qui fe multiplient plus ou moins, forment donc un fyftême dont toutes les parties fe lient naturellement, parce que tous nos befoins tiennent les uns aux autres; & ce fyftême, plus ou moins étendu, eft conforme à l'ufage que nous voulons faire des chofes. Le befoin, qui nous éclaire, nous donne peu à peu le difcernement, qui nous fait voir dans un temps des différences où peu auparavant nous n'en appercevions pas; & fi nous étendons & perfectionnons ce fyftême, c'eft parce que nous continuons comme la nature nous a fait commencer.

Les philofophes ne l'ont donc pas imaginé : ils l'ont trouvé en obfervant la nature; & s'ils avoient mieux obfervé, ils l'auroient expliqué beaucoup mieux qu'ils n'ont fait. Mais ils ont cru qu'il étoit à eux, & ils l'ont traité comme s'il

étoit

étoit à eux en effet. Ils y ont mis de l'arbitraire, de l'abſurde , & ils ont fait un étrange abus des idées générales.

Malheureuſement nous avons cru apprendre d'eux ce ſyſtême , que nous avions appris d'un meilleur maître. Mais parce que la nature ne nous faiſoit pas remarquer qu'elle nous l'enſeignoit, nous avons cru en devoir la connoiſſance à ceux qui ne manquoient pas de nous faire remarquer qu'ils étoient nos maîtres. Nous avons donc confondu les leçons des philoſophes avec les leçons de la nature , & nous avons mal raiſonné.

D'après tout ce que nous avons dit , former une claſſe de certains objets , ce n'eſt autre choſe que donner un même nom à tous ceux que nous jugeons ſemblables ; & quand de cette claſſe nous en formons deux, ou davantage , nous ne faiſons encore autre choſe que choiſir de nouveaux noms , pour diſtinguer des objets que nous jugeons différens. C'eſt uniquement par cet artifice que nous mettons de l'ordre dans nos idées : mais cet artifice ne fait que cela ; & il faut bien remarquer qu'il ne peut rien faire de plus. En effet, nous nous tromperions groſſiérement, ſi nous nous imaginions qu'il y a dans la nature des eſpeces & des genres , parce qu'il y a des eſpeces & des genres dans notre maniere de concevoir.

Avec quel artifice ſe forme ce ſyſtême.

C

Les noms généraux ne font proprement les noms d'aucune chofe exiftante ; ils n'expriment que les vues de l'efprit, lorfque nous confidérons les chofes fous des rapports de reffemblance ou de différence. Il n'y a point d'arbre en général, de pommier en général, de poirier en général ; il n'y a que des individus. Donc il n'y a dans la nature ni genres ni efpeces. Cela eft fi fimple, qu'on croiroit inutile de le remarquer : mais fouvent les chofes les plus fimples échappent, précifément parce qu'elles font fimples : nous dédaignons de les obferver ; & c'eft là une des principales caufes de nos mauvais raifonnemens & de nos erreurs.

Il ne fe fait pas d'après la nature des chofes. Ce n'eft pas d'après la nature des chofes que nous diftinguons des claffes, c'eft d'après notre maniere de concevoir. Dans les commencemens, nous fommes frappés des reffemblances, & nous fommes comme un enfant qui prend toutes les plantes pour des arbres. Dans la fuite, le befoin d'obferver développe notre difcernement ; & parce qu'alors nous remarquons des différences, nous faifons de nouvelles claffes.

Plus notre difcernement fe perfectionne, plus les claffes peuvent fe multiplier ; & parce qu'il n'y a pas deux individus qui ne different par quelque endroit, il eft évident qu'il y auroit autant de claffes que d'individus, fi à chaque dif-

férence on vouloit faire une claſſe nouvelle.
Alors il n'y auroit plus d'ordre dans nos idées,
& la confuſion ſuccéderoit à la lumiere qui ſe
répandoit ſur elles lorſque nous généraliſions
avec méthode.

Il y a donc un terme après lequel il faut s'arrêter : car s'il importe de faire des diſtinctions,
il importe plus encore de n'en pas trop faire.
Quand on n'en fait pas aſſez, s'il y a des choſes qu'on ne diſtingue pas, & qu'on devroit diſtinguer, il en reſte au moins qu'on diſtingue.
Quand on en fait trop, on brouille tout, parce
que l'eſprit s'égare dans un grand nombre de
diſtinctions dont il ne ſent pas la néceſſité. De-
mandera-t-on juſqu'à quel point les genres &
les eſpeces peuvent ſe multiplier ? Je réponds,
ou plutôt la nature répond elle-même, juſqu'à
ce que nous ayons aſſez de claſſes pour nous
régler dans l'uſage des choſes relatives à nos beſoins : & la juſteſſe de cette réponſe eſt ſenſible,
puiſque ce ſont nos beſoins ſeuls qui nous déterminent à diſtinguer des claſſes, puiſque nous
n'imaginons pas de donner des noms à des choſes dont nous ne voulons rien faire. Au moins
eſt-ce ainſi que les hommes ſe conduiſent naturellement. Il eſt vrai que lorſqu'ils s'écartent de
la nature pour devenir mauvais philoſophes, ils
croient qu'à force de diſtinctions, auſſi ſubtiles

Juſqu'à quel point nous devons divi-ſer & ſous-diviſer nos idées.

C ij

qu'inutiles, ils expliqueront tout, & ils brouil-
lent tout.

Pourquoi les
efpeces doi-
vent fe con-
fondre. Tout eft diftinct dans la nature ; mais notre
efprit eft trop borné pour la voir en détail d'une
maniere diftincte. En vain nous analyfons ; il refte
toujours des chofes que nous ne pouvons analyfer, & que par cette raifon nous ne voyons
que confufément. L'art de claffer, fi néceffaire
pour fe faire des idées exactes, n'éclaire que
les points principaux : les intervalles reftent
dans l'obfcurité, & dans ces intervalles les claffes mitoyennes fe confondent. Un arbre, par
exemple, & un arbriffeau font deux efpeces
bien diftinctes. Mais un arbre peut être plus petit, un arbriffeau peut être plus grand ; & l'on
arrive à une plante qui n'eft ni arbre ni arbriffeau, ou qui eft tout à-la-fois l'un & l'autre ;
c'eft-à-dire qu'on ne fçait plus à quelle efpece
la rapporter.

Pourquoi el-
les fe confon-
dent fans in-
convénient. Ce n'eft pas là un inconvénient : car demander fi cette plante eft un arbre ou un arbriffeau, ce n'eft pas, dans le vrai, demander ce
qu'elle eft ; c'eft feulement demander fi nous
devons lui donner le nom d'arbre, ou celui d'arbriffeau. Or il importe peu qu'on lui donne l'un
plutôt que l'autre : fi elle eft utile, nous nous
en fervirons, & nous la nommerons *plante*. On
n'agiteroit jamais de pareilles queftions, fi l'on

ne fuppofoit pas qu'il y a dans la nature comme dans notre efprit, des genres & des efpeces. Voilà l'abus qu'on fait des claffes : il le falloit connoître. Il nous refte à obferver jufqu'où s'étendent nos connoiffances, lorfque nous claffons les chofes que nous étudions.

Dès que nos fenfations font les feules idées que nous ayons des objets fenfibles, nous ne voyons en eux que ce qu'elles repréfentent : au-delà nous n'appercevons rien, & par conféquent nous ne pouvons rien connoître.

Nous ignorons l'effence des corps.

Il n'y a donc point de réponfe à faire à ceux qui demandent, *Quel eft le fujet des qualités du corps ? quelle eft fa nature ? quelle eft fon effence ?* Nous ne voyons pas ces fujets, ces natures, ces effences : en vain même on voudroit nous les montrer ; ce feroit entreprendre de faire voir des couleurs à des aveugles. Ce font là des mots dont nous n'avons point d'idées ; ils fignifient feulement qu'il y a fous les qualités quelque chofe que nous ne connoiffons pas.

L'analyfe ne nous donne des idées exactes qu'autant qu'elle ne nous fait voir dans les chofes que ce qu'on y voit ; & il faut nous accoutumer à ne voir que ce que nous voyons. Cela n'eft pas facile au commun des hommes, ni même au commun des philofophes. Plus on eft ignorant, plus on eft impatient de juger : on croit tout fçavoir

Nous n'avons des idées exactes qu'autant que nous n'affurons que ce que nous avons obfervé.

C iij

avant d'avoir rien obfervé ; & l'on diroit que la connoiffance de la nature eft une efpece de divination qui fe fait avec des mots.

Les idées, pour être exactes, ne font pas complettes.

Les idées exactes que l'on acquiert par l'analyfe, ne font pas toujours des idées complettes : elles ne peuvent même jamais l'être, lorfque nous nous occupons des objets fenfibles. Alors nous ne découvrons que quelques qualités, & nous ne pouvons connoître qu'en partie.

Toutes nos études fe font avec la même méthode, & cette méthode eft l'analyfe.

Nous ferons l'étude de chaque objet de la même maniere que nous faifions celle de cette campagne qu'on voyoit des fenêtres de notre château : car il y a dans chaque objet, comme dans cette campagne, des chofes principales auxquelles toutes les autres doivent fe rapporter. C'eft dans cet ordre qu'il les faut faifir, fi l'on veut fe faire des idées diftinctes & bien ordonnées. Par exemple, tous les phénomenes de la nature fuppofent l'étendue & le mouvement : toutes les fois donc que nous voudrons en étudier quelques-uns, nous regarderons l'étendue & le mouvement comme les principales qualités des corps.

Nous avons vu comment l'analyfe nous fait connoître les objets fenfibles, & comment les idées qu'elle nous en donne font diftinctes, & conformes à l'ordre des chofes. Il faut fe fouvenir que cette méthode eft l'unique, & qu'elle doit être abfolument la même dans toutes nos études : car étudier des sciences différentes, ce n'est pas changer de méthode, c'est seulement appliquer la même méthode à des objets différens, c'est refaire ce qu'on a déja fait ; & le grand point est de le bien faire une fois, pour le sçavoir faire toujours. Voilà, dans le vrai, où nous en étions lorsque nous avons commencé. Dès notre enfance nous avons tous acquis des connoissances : nous avions donc suivi à notre insçu une bonne méthode. Il ne nous restoit qu'à le remarquer : c'est ce que nous avons fait, & nous pouvons désormais appliquer cette méthode à de nouveaux objets. (*Cours d'Etude, Leçons prélim. art. 1. Art de penser, part. 1, chap. 8. Traité des Sensations, part. 4, chap. 6.*)

CHAPITRE V.

Des idées des choses qui ne tombent pas sous les sens.

En observant les objets sensibles, nous nous élevons naturellement à des objets qui ne tombent pas sous les sens, parce que, d'après les effets qu'on voit, on juge des causes qu'on ne voit pas.

Comment les effets nous font juger de l'existence d'une cause dont ils ne nous donnent aucune idée.

Le mouvement d'un corps est un effet : il a

donc une caufe. Il eft hors de doute que cette
caufe exifte, quoiqu'aucun de mes fens ne me
la faffe appercevoir, & je la nomme *force*. Ce
nom ne me la fait pas mieux connoître : je ne
fçais que ce que je fçavois auparavant, c'eft que
le mouvement a une caufe que je ne connois pas.
Mais j'en puis parler : je la juge plus grande ou
plus foible, fuivant que le mouvement eft plus
grand ou plus foible lui-même ; & je la mefure,
en quelque forte, en mefurant le mouvement.

Le mouvement fe fait dans l'efpace & dans le
temps. J'apperçois l'efpace, en voyant les objets
fenfibles qui l'occupent ; & j'apperçois la durée
dans la fucceffion de mes idées ou de mes fenfations : mais je ne vois rien d'abfolu ni dans
l'efpace, ni dans le temps. Les fens ne fçauroient
me dévoiler ce que les chofes font en elles-mêmes ; ils ne me montrent que quelques-uns des
rapports qu'elles ont entre elles, & quelques-
uns de ceux qu'elles ont à moi. Si je mefure l'efpace, le temps, le mouvement, & la force qui
le produit, c'eft que les réfultats de mes mefures
ne font que des rapports : car chercher des rapports, ou mefurer, c'eft la même chofe.

Parce que nous donnons des noms à des chofes
dont nous avons une idée, on fuppofe que nous
avons une idée de toutes celles auxquelles nous
donnons des noms. Voilà une erreur dont il faut

ſe garantir. Il ſe peut qu'un nom ne ſoit donné à une choſe que parce que nous ſommes aſſurés de ſon exiſtence : le mot *force* en eſt la preuve.

Le mouvement, que j'ai conſidéré comme un effet, devient une cauſe à mes yeux, auſſi-tôt que j'obſerve qu'il eſt par-tout, & qu'il produit, ou concourt à produire tous les phénomenes de la nature. Alors je puis, en obſervant les loix du mouvement, étudier l'univers, comme d'une fenêtre j'étudie une campagne : la méthode eſt la même.

Mais quoique dans l'univers tout ſoit ſenſible, nous ne voyons pas tout ; & quoique l'art vienne au ſecours des ſens, ils ſont toujours trop foibles. Cependant, ſi nous·obſervons bien, nous découvrons des phénomenes ; nous les voyons, comme une ſuite de cauſes & d'effets, former différens ſyſtêmes ; & nous nous faiſons des idées exactes de quelques parties du grand tout. C'eſt ainſi que les philoſophes modernes ont fait des découvertes qu'on n'auroit pas jugé poſſibles quelques ſiecles auparavant, & qui font préſumer qu'on en peut faire d'autres. (*Cours d'Etude, Art de raiſonner. Hiſt. mod. liv. dernier, chap. 5 & ſuivans.*)

Mais comme nous avons jugé que le mouvement a une cauſe, parce qu'il eſt un effet, nous jugerons que l'univers a également une

Comment ils nous font juger de l'exiſtence d'une cauſe qui ne

tombe pas sous les sens, & comment ils nous en donnent une idée.

cause, parce qu'il est un effet lui-même ; & cette cause, nous la nommerons *Dieu.*

Il n'en est pas de ce mot comme de celui de *force*, dont nous n'avons point d'idée. Dieu, il est vrai, ne tombe pas sous les sens ; mais il a imprimé son caractere dans les choses sensibles ; nous l'y voyons, & les sens nous élevent jusqu'à lui.

En effet, lorsque je remarque que les phénomenes naissent les uns des autres, comme une suite d'effets & de causes, je vois nécéssairement une premiere cause ; & c'est à l'idée de cause premiere que commence l'idée que je me fais de Dieu.

Dès que cette cause est premiere, elle est indépendante, nécessaire ; elle est toujours, & elle embrasse dans son immensité & dans son éternité tout ce qui existe.

Je vois de l'ordre dans l'univers : j'observe sur-tout cet ordre dans les parties que je connois le mieux. Si j'ai de l'intelligence moi-même, je ne l'ai acquise qu'autant que les idées, dans mon esprit, sont conformes à l'ordre des choses hors de moi ; & mon intelligence n'est qu'une copie, & une copie bien foible de l'intelligence avec laquelle ont été ordonnées les choses que je conçois, & celles que je ne conçois pas. La premiere cause est donc intelligente : elle a tout ordonné, par-tout & de tout temps ; & son intelligence, comme son immensité & son éternité, embrasse tous les temps & tous les lieux.

Puisque la premiere cause est indépendante, elle peut ce qu'elle veut ; & puisqu'elle est intelligente, elle veut avec connoissance, & par conséquent avec choix : elle est libre.

Comme intelligente, elle apprécie tout ; comme libre, elle agit en conséquence. Ainsi, d'après les idées que nous nous sommes faites de son intelligence & de sa liberté, nous nous formons une idée de sa bonté, de sa justice, de sa miséricorde, de sa providence, en un mot. Voilà une idée imparfaite de la Divinité. Elle ne vient & ne peut venir que des sens : mais elle se développera d'autant plus que nous approfondirons mieux l'ordre que Dieu a mis dans ses ouvrages. (*Cours d'Etude*, *Leçons prélim. art. 5. Traité des Anim. chap. 6.*

CHAPITRE VI.

Continuation du même sujet.

Actions &
habitudes.

LE mouvement , confidéré comme caufe de
quelque effet , fe nomme *action*. Un corps qui
fe meut , agit fur l'air qu'il divife , & fur les
corps qu'il choque : mais ce n'eft là que l'action
d'un corps inanimé.

L'action d'un corps animé eft également dans
le mouvement. Capable de différens mouvemens ,
fuivant la différence des organes dont il a été
doué , il a différentes manieres d'agir ; & chaque
efpece a dans fon action , comme dans fon organifation , quelque chofe qui lui eft propre.

Toutes ces actions tombent fous les fens , &
il fuffit de les obferver pour s'en faire une idée.
Il n'eft pas plus difficile de remarquer comment
le corps prend ou perd des habitudes : car chacun fçait , par fa propre expérience , que ce qu'on
a fouvent répété , on le fait fans avoir befoin
d'y penfer ; & qu'au contraire on ne fait plus
avec la même facilité ce qu'on a ceffé de faire
pendant quelque temps. Pour contracter une habitude , il fuffit donc de faire & de refaire à plufieurs reprifes ; & pour la perdre , il fuffit de

ne plus faire. (*Cours d'Etude*, *Leç. prélim. art. 3.*
Traité des Anim. part. 2, chap. 1.)

Ce font les actions de l'ame qui déterminent celles du corps; & d'après celles-ci, qu'on voit, on juge de celles-là, qu'on ne voit pas. Il fuffit d'avoir remarqué ce qu'on fait lorfqu'on defire ou qu'on craint, pour appercevoir dans les mouvemens des autres leurs defirs ou leurs craintes. C'eft ainfi que les actions du corps repréfentent les actions de l'ame, & dévoilent quelquefois jufqu'aux plus fecretes penfées. Ce langage eft celui de la nature : il eft le premier, le plus expreffif, le plus vrai ; & nous verrons que c'eft d'après ce modele que nous avons appris à faire des langues.

D'après les actions du corps, on juge des actions de l'ame.

Les idées morales paroiffent échapper aux fens : elles échappent du moins à ceux de ces philofophes qui nient que nos connoiffances viennent des fenfations. Ils demanderoient volontiers de quelle couleur eft la vertu, de quelle couleur eft le vice. Je réponds que la vertu confifte dans l'habitude des bonnes actions, comme le vice confifte dans l'habitude des mauvaifes. Or ces habitudes & ces actions font vifibles.

Idées de la vertu & du vice.

Mais la moralité des actions eft-elle une chofe qui tombe fous les fens ? Pourquoi donc n'y tomberoit-elle pas ? Cette moralité confifte uniquement dans la conformité de nos actions avec

Idée de la moralité des actions.

les loix : or ces actions font vifibles, & les loix
le font également, puifqu'elles font des conventions que les hommes ont faites.

Si les loix, dira-t-on, font des conventions,
elles font donc arbitraires. Il peut y en avoir
d'arbitraires ; il n'y en a même que trop : mais
celles qui déterminent fi nos actions font bonnes
ou mauvaifes, ne le font pas, & ne peuvent pas
l'être. Elles font notre ouvrage, parce que ce
font des conventions que nous avons faites : cependant nous ne les avons pas faites feuls ; la
nature les faifoit avec nous, elle nous les dic-
toit, & il n'étoit pas en notre pouvoir d'en faire
d'autres. Les befoins & les facultés de l'homme
étant donnés, les loix font données elles-mêmes ;
& quoique nous les faffions, Dieu, qui nous
a créés avec tels befoins & telles facultés, eft,
dans le vrai, notre feul légiflateur. En fuivant
ces loix conformes à notre nature, c'eft donc
à lui que nous obéiffons ; & voilà ce qui acheve
la moralité des actions.

Si, de ce que l'homme eft libre, on juge qu'il
y a fouvent de l'arbitraire dans ce qu'il fait, la
conféquence fera jufte : mais fi l'on juge qu'il n'y
a jamais que de l'arbitraire, on fe trompera.
Comme il ne dépend pas de nous de ne pas
avoir les befoins qui font une fuite de notre
conformation, il ne dépend pas de nous de n'être

pas portés à faire ce à quoi nous fommes déterminés par ces befoins ; & fi nous ne le faifons
pas, nous en fommes punis. (*Traité des Anim.*
part. 2, chap. 7.)

CHAPITRE VII.

Analyfe des facultés de l'ame.

Nous avons vu comment la nature nous apprend à faire l'analyfe des objets fenfibles, &
nous donne, par cette voie, des idées de toutes
efpeces. Nous ne pouvons donc pas douter que
toutes nos connoiffances ne viennent des fens.

Mais il s'agit d'étendre la fphere de nos connoiffances. Or fi, pour l'étendre, nous avons
befoin de fçavoir conduire notre efprit, on conçoit que, pour apprendre à le conduire, il le
faut connoître parfaitement. Il s'agit donc de démêler toutes les facultés qui font enveloppées
dans la faculté de penfer. Pour remplir cet objet,
& d'autres encore, quels qu'ils puiffent être,
nous n'aurons pas à chercher, comme on a fait
jufqu'à préfent, une nouvelle méthode à chaque
étude nouvelle : l'analyfe doit fuffire à toutes,
fi nous fçavons l'employer.

C'eft l'ame feule qui connoît, parce que c'eft

C'eft à l'a-
nalyfe à nous
faire connoî-
tre notre ef-
prit.

On trouve dans la faculté de sentir, toutes les facultés de l'ame.

l'ame seule qui fent ; & il n'appartient qu'à elle de faire l'analyfe de tout ce qui lui eft connu par fenfation. Cependant, comment apprendra-t-elle à fe conduire, fi elle ne fe connoît pas elle-même, fi elle ignore fes facultés ? Il faut donc, comme nous venons de le remarquer, qu'elle s'étudie ; il faut que nous découvrions toutes les facultés dont elle eft capable. Mais où les découvrirons-nous, finon dans la faculté de fentir ? Certainement cette faculté enveloppe toutes celles qui peuvent venir à notre connoiffance. Si ce n'eft que parce que l'ame fent, que nous connoiffons les objets qui font hors d'elle, connoî-trons-nous ce qui fe paffe en elle, autrement que parce qu'elle fent ? Tout nous invite donc à faire l'analyfe de la faculté de fentir ; effayons.

Une réflexion rendra cette analyfe bien facile ; c'eft que, pour décompofer la faculté de fentir, il fuffit d'obferver fucceffivement tout ce qui s'y paffe lorfque nous acquérons une connoiffance quelconque. Je dis *une connoiffance quelconque*, parce que ce qui s'y paffe pour en acquérir plu-fieurs, ne peut être qu'une répétition de ce qui s'y eft paffé pour en acquérir une feule.

L'attention.

Lorfqu'une campagne s'offre à ma vue, je vois tout d'un premier coup d'œil, & je ne difcerne rien encore. Pour démêler différens objets, & me faire une idée diftincte de leur forme & de leur

leur situation, il faut que j'arrête mes regards
sur chacun d'eux : c'est ce que nous avons déja
observé. Mais quand j'en regarde un, les autres,
quoique je les voie encore, sont cependant, par
rapport à moi, comme si je ne les voyois plus ;
& parmi tant de sensations qui se font à-la-fois,
il semble que je n'en éprouve qu'une, celle de
l'objet sur lequel je fixe mes regards.

Ce regard est une action par laquelle mon œil
tend à l'objet sur lequel il se dirige : par cette
raison je lui donne le nom d'*attention* ; & il
m'est évident que cette direction de l'organe est
toute la part que le corps peut avoir à l'attention. Quelle est donc la part de l'ame ? Une sensation que nous éprouvons comme si elle étoit
seule, parce que toutes les autres sont comme
si nous ne les éprouvions pas.

L'attention que nous donnons à un objet, n'est
donc, de la part de l'ame, que la sensation que
cet objet fait sur nous ; sensation qui devient en
quelque sorte exclusive ; & cette faculté est la
premiere que nous remarquons dans la faculté de
sentir.

Comme nous donnons notre attention à un
objet, nous pouvons la donner à deux à-la-fois.
Alors, au lieu d'une seule sensation exclusive,
nous en éprouvons deux ; & nous disons que
nous les comparons, parce que nous ne les

La compa-
raison.

D

éprouvons excluſivement que pour les obſerver l'une à côté de l'autre, ſans être diſtraits par d'autres ſenſations : or c'eſt proprement ce que ſignifie le mot *comparer.*

La comparaiſon n'eſt donc qu'une double attention : elle conſiſte dans deux ſenſations qu'on éprouve comme ſi on les éprouvoit ſeules, & qui excluent toutes les autres.

Un objet eſt préſent ou abſent. S'il eſt préſent, l'attention eſt la ſenſation qu'il fait actuellement ſur nous ; s'il eſt abſent, l'attention eſt le ſouvenir de la ſenſation qu'il a faite. C'eſt à ce ſouvenir que nous devons le pouvoir d'exercer la faculté de comparer des objets abſens comme des objets préſens. Nous traiterons bientôt de la mémoire.

Le jugement. Nous ne pouvons comparer deux objets, ou éprouver, comme l'une à côté de l'autre, les deux ſenſations qu'ils font excluſivement ſur nous, qu'auſſi-tôt nous n'appercevions qu'ils ſe reſſemblent ou qu'ils different. Or, appercevoir des reſſemblances ou des différences, c'eſt juger. Le jugement n'eſt donc encore que ſenſations. (*Grammaire, part.* 1 *, ch.* 4.)

La réflexion. Si, par un premier jugement, je connois un rapport, pour en connoître un autre j'ai beſoin d'un ſecond jugement. Que je veuille, par exemple, ſçavoir en quoi deux arbres different ;

j'en obferverai fucceffivement la forme, la tige, les branches, les feuilles, les fruits, &c. je comparerai fucceffivement toutes ces chofes ; je ferai une fuite de jugemens ; & parce qu'alors mon attention réfléchit, en quelque forte, d'un objet fur un objet, je dirai que je réfléchis. La réflexion n'eft donc qu'une fuite de jugemens qui fe font par une fuite de comparaifons ; & puifque dans les comparaifons & dans les juge-mens il n'y a que des fenfations, il n'y a donc auffi que des fenfations dans la réflexion.

Lorfque par la réflexion on a remarqué les qualités par où les objets different, on peut, par la même réflexion, raffembler dans un feul les qualités qui font féparées dans plufieurs. C'eft ainfi qu'un poëte fe fait, par exemple, l'idée d'un héros qui n'a jamais exifté. Alors les idées qu'on fe fait font des images qui n'ont de réalité que dans l'efprit ; & la réflexion qui fait ces images, prend le nom d'*imagination*.

L'imagina-tion.

Un jugement que je prononce peut en renfer-mer implicitement un autre que je ne prononce pas. Si je dis qu'un corps eft pefant, je dis im-plicitement que fi on ne le foutient pas, il tom-bera. Or, lorfqu'un fecond jugement eft ainfi ren-fermé dans un autre, on le peut prononcer com-me une fuite du premier, & par cette raifon on dit qu'il en eft la conféquence. On dira, par

Le raifonne-ment.

D ij

exemple, *Cette voûte est bien pesante : donc, si elle n'est pas assez soutenue, elle tombera.* Voilà ce qu'on entend par *faire un raisonnement ;* ce n'est autre chose que prononcer deux jugemens de cette espece. Il n'y a donc que des sensations dans nos raisonnemens comme dans nos jugemens.

Le second jugement du raisonnement que nous venons de faire, est sensiblement renfermé dans le premier, & c'est une conséquence qu'on n'a pas besoin de chercher. Il faudroit au contraire chercher, si le second jugement ne se montroit pas dans le premier d'une maniere aussi sensible ; c'est-à-dire qu'il faudroit, en allant du connu à l'inconnu, passer, par une suite de jugemens intermédiaires, du premier jusqu'au dernier, & les voir tous successivement renfermés les uns dans les autres. Ce jugement, par exemple, *Le mercure se soutient à une certaine hauteur dans le tube d'un barometre,* est renfermé implicitement dans celui-ci, *L'air est pesant.* Mais parce qu'on ne le voit pas tout-à-coup, il faut, en allant du connu à l'inconnu, découvrir, par une suite de jugemens intermédiaires, que le premier est une conséquence du second. Nous avons déja fait de pareils raisonnemens ; nous en ferons encore ; & quand nous aurons contracté l'habitude d'en faire, il ne nous sera pas difficile d'en démêler tout l'artifice. On explique toujours les chofes qu'on fçait faire : commençons donc par raifonner [a].

Vous voyez que toutes les facultés que nous venons d'obferver, font renfermées dans la faculté de fentir. L'ame acquiert par elles toutes fes connoiffances : par elles elle entend les chofes qu'elle étudie en quelque forte, comme par l'oreille elle entend les fons : c'eft pourquoi la réunion de toutes ces facultés fe nomme *entendement.* L'entendement comprend donc l'attention, la comparaifon, le jugement, la réflexion, l'imagination & le raifonnement. On ne fçauroit s'en faire une idée plus exacte. (*Cours d'Etude, Leçons prél. art. 2. Traité des Anim. part. 2, ch. 5.*)

L'entendement.

───────────────

[a] Je me fouviens qu'on enfeignoit au College, que *l'art de raifonner confifte à comparer enfemble deux idées par le moyen d'une troifieme. Pour juger,* difoit-on, *fi l'idée* A *renferme ou exclut l'idée* B *, prenez une troifieme idée* C *, à laquelle vous les comparerez fucceffivement l'une & l'autre. Si l'idée* A *eft renfermée dans l'idée* C *, & l'idée* C *dans l'idée* B *, concluez que l'idée* A *eft renfermée dans l'idée* B*. Si l'idée* A *eft renfermée dans l'idée* C *, & que l'idée* C *exclue l'idée* B *, concluez que l'idée* A *exclut l'idée* B. Nous ne ferons aucun ufage de tout cela.

⁕⁕⁕

CHAPITRE VIII.

Continuation du même sujet.

En confidérant nos fenfations comme repré-
fentatives, nous en avons vû naître toutes nos
idées, & toutes les opérations de l'entendement :
fi nous les confidérons comme agréables ou dé-
fagréables, nous en verrons naître toutes les
opérations qu'on rapporte à la volonté.

Le befoin.   Quoique, par fouffrir, on entende proprement
éprouver une fenfation défagréable, il eft certain que la privation d'une fenfation agréable eft
une fouffrance plus ou moins grande. Mais il faut
remarquer qu'*être privé*, & *manquer*, ne fignifient pas la même chofe. On peut n'avoir jamais
joui des chofes dont on manque ; on peut même
ne les pas connoître. Il en eft tout autrement des
chofes dont nous fommes privés : non-feulement
nous les connoiffons, mais encore nous fommes
dans l'habitude d'en jouir, ou du moins d'imaginer le plaifir que la jouiffance peut promettre.
Or une pareille privation eft une fouffrance,
qu'on nomme plus particuliérement *befoin*. Avoir
befoin d'une chofe, c'eft fouffrir parce qu'on
en eft privé.

Le mal-aife.   Cette fouffrance, dans fon plus foible degré, eſt moins une douleur qu'un état où nous ne nous trouvons pas bien, où nous ne ſommes pas à notre aiſe : je nomme cet état *mal-aiſe.*

Le mal-aiſe nous porte à nous donner des mou- L'inquiétu-
vemens pour nous procurer la choſe dont nous de.
avons beſoin. Nous ne pouvons donc pas reſter dans un parfait repos ; &, par cette raiſon, le mal-aiſe prend le nom d'*inquiétude.* Plus nous trouvons d'obſtacles à jouir, plus notre inquiétude croît ; & cet état peut devenir un tourment.

Le beſoin ne trouble notre repos, ou ne pro- Le deſir.
duit l'inquiétude, que parce qu'il détermine les facultés du corps & de l'ame ſur les objets dont la privation nous fait ſouffrir. Nous nous retraçons le plaiſir qu'ils nous ont fait : la réflexion nous fait juger de celui qu'ils peuvent nous faire encore : l'imagination l'exagere ; & pour jouir, nous nous donnons tous les mouvemens dont nous ſommes capables. Toutes nos facultés ſe dirigent donc ſur les objets dont nous ſentons le beſoin ; & cette direction eſt proprement ce que nous entendons par *deſir.*

Comme il eſt naturel de ſe faire une habitude Les paſſions
de jouir des choſes agréables, il eſt naturel auſſi de ſe faire une habitude de les deſirer ; & les deſirs tournés en habitudes, ſe nomment *paſſions.* De pareils deſirs ſont en quelque ſorte permanens ; ou du moins, s'ils ſe ſuſpendent par inter-

D iv

valles, ils fe renouvellent à la plus légere occafion. Plus ils font vifs, plus les paffions font
violentes.

L'efpérance. Si, lorfque nous defirons une chofe, nous
jugeons que nous l'obtiendrons, alors ce jugement joint au defir, produit l'efpérance. Un

La volonté. autre jugement produira la volonté : c'eft celui
que nous portons, lorfque l'expérience nous a
fait une habitude de juger que nous ne devons
trouver aucun obftacle à nos defirs. *Je veux*
fignifie *je defire, & rien ne peut s'oppofer à mon*
defir; tout y doit concourir.

Autre accep-
tion du mot Mais on eft dans l'ufage de lui donner une figni-
volonté.
fication plus étendue, & l'on entend par *volonté*,
une faculté qui comprend toutes les habitudes
qui naiffent du befoin, les defirs, les paffions,
l'efpérance, le défefpoir, la crainte, la confiance,
la préfomption, & plufieurs autres, dont il eft
facile de fe faire des idées.

La penfée. Enfin le mot *penfée*, plus général encore, comprend dans fon acception toutes les facultés de
l'entendement & toutes celles de la volonté. Car
penfer, c'eft fentir, donner fon attention, comparer, juger, réfléchir, imaginer, raifonner, de-
firer, avoir des paffions, efpérer, craindre, &c.
(*Traité des Anim. part. 2, chap. 8, 9 & 10.*)
Nous avons expliqué comment les facultés de

l'ame naiffent fucceffivement de la fenfation ; & on voit qu'elles ne font que la fenfation qui fe transforme, pour devenir chacune d'elles.

Dans la feconde Partie de cet Ouvrage nous nous propofons de découvrir tout l'artifice du raifonnement. Il s'agit donc de nous préparer à cette recherche ; & nous nous y préparerons en effayant de raifonner fur une matiere qui eft fimple & facile, quoiqu'on foit porté à en juger autrement, quand on penfe aux efforts qu'on a faits jufqu'à préfent pour l'expliquer toujours fort mal. Ce fera le fujet du Chapitre fuivant.

CHAPITRE IX.

Des caufes de la fenfibilité & de la mémoire.

ÎL n'eft pas poffible d'expliquer en détail toutes les caufes phyfiques de la fenfibilité & de la mémoire. Mais, au lieu de raifonner d'après de fauffes hypothefes, on pourroit confulter l'expérience & l'analogie. Expliquons ce qu'on peut expliquer, & ne nous piquons pas de rendre raifon de tout.

Les uns fe repréfentent les nerfs comme des cordes tendues, capables d'ébranlemens & de vibrations, & ils croient avoir deviné la caufe des fenfations & de la mémoire. Il eft évident

Fauffes hypothefes.

que cette fuppofition eft tout-à-fait imaginaire.

D'autres difent que le cerveau eft une fubf-tance molle, dans laquelle les efprits animaux font des traces. Ces traces fe confervent : les efprits animaux paffent & repaffent ; l'animal eft doué de fentiment & de mémoire. Ils n'ont pas fait attention que fi la fubftance du cerveau eft affez molle pour recevoir des traces, elle n'aura pas affez de confiftance pour les conferver ; & ils n'ont pas confidéré combien il eft impoffible qu'une infinité de traces fubfiftent dans une fubf-tance où il y a une action, une circulation con-tinuelles.

C'eft en jugeant des nerfs par les cordes d'un inftrument, qu'on a imaginé la premiere hypo-thefe ; & l'on a imaginé la feconde en fe re-préfentant les impreffions qui fe font dans le cerveau par des empreintes fur une furface dont toutes les parties font en repos. Certainement ce n'eft pas là raifonner d'après l'obfervation, ni d'après l'analogie ; c'eft comparer des chofes qui n'ont point de rapport.

Il y a dans l'animal un mouvement qui eft le principe de la végétation. J'ignore s'il y a des efprits animaux ; j'ignore même fi les nerfs font l'organe du fentiment. Je ne connois ni le tiffu des fibres, ni la nature des folides, ni celle des fluides : je n'ai, en un mot, de tout ce mécanifme qu'une idée fort imparfaite & fort vague. Je fçais feulement qu'il y a un mouvement qui eſt le principe de la végétation & de la ſenſibilité ; que l'animal vit tant que ce mouvement ſubſiſte , qu'il meurt dès que ce mouvement ceſſe.

L'expérience m'apprend que l'animal peut être réduit à un état de végétation : il y eſt naturellement par un ſommeil profond , il y eſt accidentellement par une attaque d'apoplexie.

Je ne forme point de conjectures ſur le mouvement qui ſe fait alors en lui. Tout ce que nous ſçavons, c'eſt que le ſang circule , que les viſceres & les glandes font les fonctions néceſſaires pour entretenir & réparer les forces : mais nous ignorons par quelles loix le mouvement opere tous ces effets. Cependant ces loix exiſtent , & elles font prendre au mouvement les déterminations qui font végéter l'animal.

Mais quand l'animal ſort de l'état de végétation pour devenir ſenſible , le mouvement obéit à d'autres loix , & ſuit de nouvelles déterminations. Si l'œil, par exemple , s'ouvre à la lumiere , les rayons qui le frappent, font prendre au mouvement qui le faiſoit végéter , les déterminations qui le rendent ſenſible. Il en eſt de même des autres ſens. Chaque eſpece de ſentiment a donc pour cauſe une eſpece particuliere de détermination dans le mouvement qui eſt le principe de la vie.

Les déterminations dont ce mouvement eſt ſuſceptible, font les cauſes de la ſenſibilité.

On voit par-là que le mouvement qui rend l'animal fenfible, ne peut être qu'une modification du mouvement qui le fait végéter ; modification occafionnée par l'action des objets fur les fens.

Ces détermi-
nations paf-
fent des orga-
nes au cer-
veau.

Mais le mouvement qui rend fenfible, ne fe fait pas feulement dans l'organe expofé à l'action des objets extérieurs ; il fe tranfmet encore jufqu'au cerveau, c'eft-à-dire, jufqu'à l'organe que l'obfervation démontre être le premier & le principal reffort du fentiment. La fenfibilité a donc pour caufe la communication qui eft entre les organes & le cerveau.

En effet, que le cerveau, comprimé par quelque caufe, ne puiffe pas obéir aux impreffions envoyées par les organes, auffi-tôt l'animal devient infenfible. La liberté eft-elle rendue à ce premier reffort ? alors les organes agiffent fur lui, il réagit fur eux, & le fentiment fe reproduit.

Quoique libre, il pourroit arriver que le cerveau eût peu, ou que même il n'eût point de communication avec quelque autre partie. Une obftruction, par exemple, ou une forte ligature au bras, diminueroit ou fufpendroit le commerce du cerveau avec la main. Le fentiment de la main s'affoibliroit donc, ou cefferoit entiérement.

Toutes ces propofitions font conftatées par

les obfervations ; je n'ai fait que les dégager de
toute hypothefe arbitraire : c'étoit le feul moyen
de les mettre dans leur vrai jour.

Dès que les différentes déterminations données au mouvement qui fait végéter, font l'unique caufe phyfique & occafionnelle de la fenfibilité, il s'enfuit que nous ne fentons qu'autant que nos organes touchent ou font touchés ;
& c'eft par le contact que les objets, en agif-
fant fur les organes, communiquent au mouvement qui fait végéter, les déterminations qui
rendent fenfible. Ainfi l'on peut confidérer l'odorat, l'ouïe, la vue & le goût, comme des ex-
tenfions du tact. L'œil ne verra point, fi des corps
d'une certaine forme ne viennent heurter contre
la rétine : l'oreille n'entendra pas, fi d'autres corps
d'une forme différente ne viennent frapper le
tympan. En un mot, le principe de la variété des
fenfations eft dans les différentes déterminations
que les objets produifent dans le mouvement,
fuivant l'organifation des parties expofées à leur
action.

Nous ne fentons qu'autant que nos organes touchent ou font touchés.

Mais comment le contact de certains corpuf-
cules occafionnera-t-il les fenfations de fon, de
lumiere, de couleur ? On en pourroit peut-être
rendre raifon, fi l'on connoiffoit l'effence de
l'ame, le mécanifme de l'œil, de l'oreille, du
cerveau, la nature des rayons qui fe répandent

Nous ne fçavons pas comment ce contact produit des fenfations.

fur la rétine, & de l'air qui frappe le tympan. Mais c'eſt ce que nous ignorons ; & l'on peut abandonner l'explication de ces phénomenes à ceux qui aiment à faire des hypotheſes ſur les choſes où l'expérience n'eſt d'aucun ſecours.

De nou-
veaux orga-
nes occaſion-
neroient en
nous de nou-
velles ſenſa-
tions.

Si Dieu formoit dans notre corps un nouvel organe, propre à faire prendre au mouvement de nouvelles déterminations, nous éprouverions des ſenſations différentes de celles que nous avons eues juſqu'à préſent. Cet organe nous feroit découvrir dans les objets des propriétés dont aujourd'hui nous ne ſçaurions nous faire aucune idée. Il feroit une ſource de nouveaux plaiſirs, de nouvelles peines, & par conféquent de nouveaux beſoins.

Il en faut dire autant d'un ſeptieme ſens, d'un huitieme, & de tous ceux qu'on voudra ſuppoſer, quel qu'en ſoit le nombre. Il eſt certain qu'un nouvel organe dans notre corps rendroit le mouvement qui le fait végéter, ſuſceptible de bien des modifications que nous ne ſçaurions imaginer.

Ces ſens feroient remués par des corpuſcules d'une certaine forme : ils s'inſtruiroient, comme les autres, d'après le toucher, & ils apprendroient de lui à rapporter leurs ſenſations ſur les objets.

Mais les ſens que nous avons ſuffiſent à notre

confervation : ils font même un tréfor de connoiffances pour ceux qui fçavent en faire ufage ;
& fi les autres n'y puifent pas les mêmes richef-
fes, ils ne fe doutent pas de leur indigence.
Comment imagineroient-ils qu'on voit dans des
fenfations qui leur font communes, ce qu'ils n'y
voient pas eux-mêmes ?

Ceux que nous avons nous fuffi-fent.

L'action des fens fur le cerveau rend donc
l'animal fenfible. Mais cela ne fuffit pas pour
donner au corps tous les mouvemens dont il
eft capable ; il faut encore que le cerveau agiffe
fur tous les mufcles & fur tous les organes intérieurs deftinés à mouvoir chacun des membres. Or l'obfervation démontre cette action du
cerveau.

Comment l'animal ap-prend à fe mouvoir à volonté.

Par conféquent, lorfque ce principal reffort
reçoit certaines déterminations de la part des fens,
il en communique d'autres à quelques-unes des
parties du corps, & l'animal fe meut.

L'animal n'auroit que des mouvemens incertains, fi l'action des fens fur le cerveau, & du
cerveau fur les membres, n'eût été accompagné
d'aucun fentiment. Mû fans éprouver ni peine
ni plaifir, il n'eût pris aucun intérêt aux mouvemens de fon corps : il ne les eût donc pas
obfervés, il n'eût donc pas appris à les régler
lui-même.

Mais dès qu'il eft invité par la peine ou par

le plaifir, à éviter ou à faire certains mouvemens, c'eft une conféquence qu'il fe faffe une
étude de les éviter ou de les faire. Il compare
les fentimens qu'il éprouve : il remarque les mouvemens qui les précédent, & ceux qui les ac-
compagnent : il tâtonne, en un mot ; & après
bien des tâtonnemens, il contraĉte enfin l'habitude de fe mouvoir à fa volonté. C'eft alors qu'il
a des mouvemens réglés. Tel eft le principe de
toutes les habitudes du corps.

Comment
fon corps
contraĉte
l'habitude de
certains mou-
vemens. Ces habitudes font des mouvemens réglés,
qui fe font en nous fans que nous paroiffions
les diriger nous-mêmes ; parce qu'à force de les
avoir répétés, nous les faifons fans avoir befoin
d'y penfer. Ce font ces habitudes qu'on nomme
mouvemens naturels, aĉtions mécaniques, inftinĉt,
& qu'on fuppofe fauffement être nées avec nous.
On évitera ce préjugé, fi l'on juge de ces habitudes par d'autres qui nous font devenues tout
auffi naturelles, quoique nous nous fouvenions
de les avoir acquifes.

La premiere fois, par exemple, que je porte
les doigts fur un claveffin, ils ne peuvent avoir
que des mouvemens incertains : mais à mefure
que j'apprends à jouer de cet inftrument, je me
fais infenfiblement une habitude de mouvoir mes
doigts fur le clavier. D'abord ils obéiffent avec
peine aux déterminations que je veux leur faire

prendre :

prendre : peu à peu ils furmontent les obftacles ; enfin ils fe meuvent d'eux-mêmes à ma volonté, ils la préviennent même, & ils exécutent un morceau de mufique pendant que ma réflexion fe porte fur toute autre chofe.

Ils contractent donc l'habitude de fe mouvoir fuivant un certain nombre de déterminations ; & comme il n'eft point de touche par où un air ne puiffe commencer, il n'eft point de détermination qui ne puiffe être la premiere d'une certaine fuite. L'exercice combine tous les jours différemment ces déterminations ; les doigts acquierent tous les jours plus de facilité : enfin ils obéiffent, comme d'eux-mêmes, à une fuite de mouvemens déterminés ; & ils y obéiffent fans effort, fans qu'il foit néceffaire que j'y faffe attention. C'eft ainfi que les organes des fens, ayant contracté différentes habitudes, fe meuvent d'eux-mêmes, & que l'ame n'a plus befoin de veiller continuellement fur eux pour en régler les mouvemens.

Mais le cerveau eft le premier organe : c'eft un centre commun où tous fe réuniffent, & d'où même tous paroiffent naître. En jugeant donc du cerveau par les autres fens, nous ferons en droit de conclure que toutes les habitudes du corps paffent jufqu'à lui, & que par conféquent les fibres qui le compofent, propres, par leur

Le cerveau contracte de pareilles habitudes. Elles font la caufe phyfique & occafionnelle de la mémoire.

E

flexibilité, à des mouvemens de toute espèce, acquierent, comme les doigts, l'habitude d'obéir à différentes suites de mouvemens déterminés. Cela étant, le pouvoir qu'a mon cerveau de me rappeller un objet, ne peut être que la facilité qu'il a acquise de se mouvoir par lui-même de la même maniere qu'il étoit mû lorsque cet objet frappoit mes sens.

La cause physique & occasionnelle qui conserve ou qui rappelle les idées, est donc dans les déterminations dont le cerveau, ce principal organe du sentiment, s'est fait une habitude, & qui subsistent encore, ou se reproduisent, lors même que les sens cessent d'y concourir. Car nous ne nous retracerions pas les objets que nous avons vus, entendus, touchés, si le mouvement ne prenoit pas les mêmes déterminations que lorsque nous voyons, entendons, touchons. En un mot, l'action mécanique suit les mêmes loix, soit qu'on éprouve une sensation, soit qu'on se souvienne seulement de l'avoir éprouvée, & la mémoire n'est qu'une maniere de sentir.

Les idées auxquelles on ne pense point, ne sont nulle part.

J'ai souvent ouï demander : *Que deviennent les idées dont on cesse de s'occuper ? Où se conservent-elles ? D'où reviennent-elles, lorsqu'elles se représentent à nous ? Est-ce dans l'ame qu'elles existent pendant ces longs intervalles où nous n'y pensons point ? Est-ce dans le corps ?*

A ces queſtions, & aux réponſes que font les métaphyſiciens, on croiroit que les idées font comme toutes les choſes dont nous faiſons des proviſions, & que la mémoire n'eſt qu'un vaſte magaſin. Il feroit tout auſſi raiſonnable de donner de l'exiſtence aux différentes figures qu'un corps a eues ſucceſſivement, & de demander : *Que devient la rondeur de ce corps, lorſqu'il prend une autre figure ? Où ſe conſerve-t-elle ? Et lorſ-que ce corps redevient rond, d'où lui vient la rondeur ?*

Les idées font, comme les ſenſations, des ma-nieres d'être de l'ame. Elles exiſtent tant qu'elles la modifient ; elles n'exiſtent plus dès qu'elles ceſſent de la modifier. Chercher dans l'ame celles auxquelles je ne penſe point du tout, c'eſt les chercher où elles ne font plus : les chercher dans le corps, c'eſt les chercher où elles n'ont jamais été. Où font-elles donc ? Nulle part.

Ne feroit-il pas abſurde de demander où font les fons d'un claveſſin, lorſque cet inſtrument ceſſe de réſonner ? Et ne répondroit-on pas : *Ils ne font nulle part : mais ſi les doigts frappent le clavier, & ſe meuvent comme ils ſe font mûs, ils reproduiront les mêmes fons.*

Comment el-les ſe repro-duiſent.

Je répondrai donc que mes idées ne font nulle part, lorſque mon ame ceſſe d'y penſer ; mais qu'elles ſe retraceront à moi auſſi-tôt que

les mouvemens propres à les reproduire fe re-
nouvelleront.

Quoique je ne connoiffe pas le mécanifme
du cerveau, je puis donc juger que fes différentes parties ont acquis la facilité de fe mouvoir d'elles-mêmes, de la même maniere dont
elles ont été mûes par l'action des fens ; que les
habitudes de cet organe fe confervent ; que
toutes les fois qu'il leur obéit, il retrace les
mêmes idées, parce que les mêmes mouvemens
fe renouvellent en lui ; qu'en un mot, on a des
idées dans la mémoire, comme on a dans les
doigts des pieces de claveffin : c'eft-à-dire que
le cerveau a, comme tous les autres fens, la
facilité de fe mouvoir fuivant les déterminations
dont il s'eft fait une habitude. Nous éprouvons
des fenfations à peu près comme un claveffin
rend des fons. Les organes extérieurs du corps
humain font comme les touches, les objets qui
les frappent font comme les doigts fur le clavier, les organes intérieurs font comme le corps
du claveffin, les fenfations ou les idées font
comme les fons ; & la mémoire a lieu, lorfque
les idées qui ont été produites par l'action des
objets fur les fens, font reproduites par les mouvemens dont le cerveau a contracté l'habitude.

Tous les
phénomenes
de la mémoi-

Si la mémoire, lente ou rapide, retrace les chofes tantôt avec ordre, tantôt avec confufion,

c'eſt que la multitude des idées ſuppoſe dans le cerveau des mouvemens en ſi grand nombre, & ſi variés, qu'il n'eſt pas poſſible qu'ils ſe repro-duiſent toujours avec la même facilité & la même exactitude.

re s'expli-quent par les habitudes du cerveau.

Tous les phénomenes de la mémoire dépen-dent des habitudes contractées par les parties mobiles & flexibles du cerveau; & tous les mou-vemens dont ces parties ſont ſuſceptibles, ſont liés les uns aux autres, comme toutes les idées qu'ils rappellent ſont liées entre elles.

C'eſt ainſi que les mouvemens des doigts ſur le clavier ſont liés entre eux, comme les ſons du chant qu'on fait entendre; que le chant eſt trop lent, ſi les doigts ſe meuvent trop lente-ment; & qu'il eſt confus, ſi les mouvemens des doigts ſe confondent. Or, comme la multitude des pieces qu'on apprend ſur le claveſſin, ne permet pas toujours aux doigts de conſerver les habitudes propres à les exécuter avec facilité & netteté; de même la multitude des choſes dont on veut ſe reſſouvenir, ne permet pas toujours au cerveau de conſerver les habitudes propres à retracer les idées avec facilité & préciſion.

Qu'un habile organiſte porte ſans deſſein les mains ſur le clavier; les premiers ſons qu'il fait entendre, déterminent ſes doigts à continuer de ſe mouvoir, & à obéir à une ſuite de mouvemens qui

produifent une fuite de fons dont la mélodie
& l'harmonie l'étonnent quelquefois lui-même.
Cependant il conduit fes doigts fans effort, fans
paroître y faire attention.

C'eft de la forte qu'un premier mouvement
occafionné dans le cerveau par l'action d'un objet
fur nos fens, détermine une fuite de mouvemens
qui retracent une fuite d'idées ; & parce que,
pendant tout le temps que nous veillons, nos
fens, toujours expofés aux impreffions des objets, ne ceffent point d'agir fur le cerveau, il
arrive que notre mémoire eft toujours en action.
Le cerveau, continuellement ébranlé par les organes, n'obéit pas feulement à l'impreffion qu'il
en reçoit immédiatement, il obéit encore à tous
les mouvemens que cette premiere impreffion doit
reproduire. Il va par habitude de mouvement
en mouvement, il devance l'action des fens, il
retrace de longues fuites d'idées : il fait plus encore ; il réagit fur les fens avec vivacité, il leur
renvoie les fenfations qu'ils lui ont auparavant
envoyées, & il nous perfuade que nous voyons
ce que nous ne voyons pas.

Ainfi donc que les doigts confervent l'habitude d'une fuite de mouvemens, & peuvent, à
la plus légere occafion, fe mouvoir comme ils
fe font mûs, le cerveau conferve également fes
habitudes ; & ayant une fois été excité par l'ac-

tion des fens, il paffe de lui-même par les mouvemens qui lui font familiers., & il rappelle
des idées.

Mais comment s'exécutent ces mouvemens ?
Comment fuivent-ils différentes déterminations ?
C'eft ce qu'il eft impoffible· d'approfondir. Si
même on faifoit ces queftions fur les habitudes
que prennent les doigts , je n'y pourrois pas
répondre. Je ne tenterai donc pas de me perdre
à ce fujet en conjectures. Il me fuffit de juger
des habitudes du cerveau par les habitudes de
chaque fens : il faut fe contenter de connoître
que le même mécanifme, quel qu'il foit, donne,
conferve & reproduit les idées.

Nous venons de voir que la mémoire a principalement fon fiege dans le cerveau : il me paroît qu'elle l'a encore dans tous les organes de
nos fenfations ; car elle doit l'avoir par-tout où
eft la caufe occafionnelle des idées que nous
nous rappellons. Or fi , pour nous donner la
premiere fois une idée, il a fallu que les fens
aient agi fur le cerveau, il paroît que le fouvenir
de cette idée ne fera jamais plus diftinct que
lorfqu'à fon tour le cerveau agira fur les fens.
Ce commerce d'action eft donc néceffaire pour
fufciter l'idée d'une fenfation paffée, comme il
eft néceffaire pour produire une fenfation ac-
tuelle. En effet, nous ne nous repréfentons , par

La mémoire
a fon fiege
dans le cer-
veau , & dans
tous les orga-
nes qui tranf-
mettent les
idées.

exemple, jamais mieux une figure, que lorfque nos mains reprennent la même forme que le taÎt leur avoit fait prendre. En pareil cas la mémoire nous parle en quelque forte un langage d'aÎtion.

La mémoire d'un air qu'on exécute fur un inftrument, a fon fiege dans les doigts, dans l'oreille & dans le cerveau : dans les doigts, qui fe font fait une habitude d'une fuite de mouvemens ; dans l'oreille, qui ne juge les doigts, & qui, au befoin, ne les dirige, que parce qu'elle s'eft fait de fon côté une habitude d'une autre fuite de mouvemens ; & dans le cerveau, qui s'eft fait une habitude de paffer par les formes qui répondent exaÎtement aux habitudes des doigts & à celles des oreilles.

On remarque facilement les habitudes que les doigts ont contraÎtées : on ne peut pas également obferver celles des oreilles, moins encore celles du cerveau : mais l'analogie prouve qu'elles exiftent.

Pourroit-on fçavoir une langue, fi le cerveau ne prenoit pas des habitudes qui répondent à celles des oreilles pour l'entendre, à celles de la bouche pour la parler, à celles des yeux pour la lire ? Le fouvenir d'une langue n'eft donc pas uniquement dans les habitudes du cerveau ; il eft encore dans les habitudes des organes de l'ouïe, de la parole & de la vue.

D'après les principes que je viens d'établir, il feroit facile d'expliquer les fonges : car les idées que nous avons dans le fommeil, reffemblent affez à ce qu'exécute un organifte, lorfque, dans des momens de diftraction, il laiffe aller fes doigts comme au hafard. Certainement fes doigts ne font que ce qu'ils ont appris à faire : mais ils ne le font pas dans le même ordre ; ils coufent enfemble divers paffages tirés des différens morceaux qu'ils ont étudiés.

Jugeons donc par analogie de ce qui fe paffe dans le cerveau, d'après ce que nous obfervons dans les habitudes d'une main exercée fur un inftrument ; & nous conclurons que les fonges font l'effet de l'action de ce principal organe fur les fens, lorfqu'au milieu du repos de toutes les parties du corps, il conferve affez d'activité pour obéir à quelques-unes de fes habitudes. Or, dès qu'il fe meut comme il a été mû lorfque nous avions des fenfations, alors il agit fur les fens, & auffi-tôt nous entendons & nous voyons : c'eft ainfi qu'un manchot croit fentir la main qu'il n'a plus. Mais, en pareil cas, le cerveau retrace d'ordinaire les chofes avec beaucoup de défordre, parce que les habitudes, dont l'action eft arrêtée par le fommeil, interceptent un grand nombre d'idées.

Puifque nous avons expliqué comment fe

En mémoire
fe perd par-
ce que le cer-
veau perd fes
habitudes.

contractent les habitudes qui font la mémoire, il fera facile de comprendre comment elles fe perdent.

Premiérement, fi elles ne font pas continuellement entretenues, ou du moins renouvellées fréquemment. Ce fera le fort de toutes celles auxquelles les fens cefferont de donner occafion.

En fecond lieu, fi elles fe multiplient à un certain point : car alors il y en aura que nous négligerons. Auffi nous échappe-t-il des connoiffances à mefure que nous en acquérons.

En troifieme lieu, une indifpofition dans le cerveau affoibliroit ou troubleroit la mémoire, fi elle étoit un obftacle à quelques-uns des mouvemens dont il s'eft fait une habitude. Alors il y auroit des chofes dont on ne conferveroit point de fouvenir ; il n'en refteroit même d'aucune, fi l'indifpofition empêchoit toutes les habitudes du cerveau.

En quatrieme lieu, une paralyfie dans les organes produiroit le même effet : les habitudes du cerveau ne manqueroient pas de fe perdre peu à peu, lorfqu'elles ne feroient plus entretenues par l'action des fens.

Enfin la vieilleffe porte coup à la mémoire. Alors les parties du cerveau font comme des doigts qui ne font plus affez flexibles pour fe mouvoir fuivant toutes les déterminations qui leur ont été familieres. Les habitudes fe perdent peu à peu ; il ne refte que des fenfations foibles qui vont bientôt échapper : le mouvement qui paroît les entretenir, eft prêt à finir lui-même.

Le principe phyfique & occafionnel de la fen- fibilité eft donc uniquement dans certaines déterminations dont le mouvement qui fait végéter l'animal, eft fufceptible ; & celui de la mémoire eft dans ces déterminations, lorfqu'elles font devenues autant d'habitudes. C'eft l'analogie qui nous autorife à fuppofer que dans les organes que nous ne pouvons pas obferver, il fe paffe quelque chofe de femblable à ce que nous obfervons dans les autres. J'ignore par quel mécanifme ma main a affez de flexibilité & de mobilité pour contracter l'habitude de certaines déterminations de mouvemens ; mais je fçais qu'il y a en elle flexibilité, mobilité, exercice, habitudes, & je fuppofe que tout cela fe retrouve dans le cerveau, & dans les organes qui font avec lui le fiege de la mémoire.

Par-là je n'ai fans doute qu'une idée trèsimparfaite des caufes phyfiques & occafionnelles de la fenfibilité & de la mémoire ; j'en ignore tout-à-fait les premiers principes. Je connois qu'il y a en nous un mouvement, & je ne puis comprendre par quelle force il eft produit. Je connois que ce mouvement eft capable de différentes dé-

terminations, & je ne puis découvrir le mécanifme qui les regle. Je n'ai donc que l'avantage
d'avoir dégagé de toute hypothefe arbitraire ce
peu de connoiffance que nous avons fur une
matiere des plus obfcures. C'eft, je penfe, à
quoi les phyficiens doivent fe borner toutes
les fois qu'ils veulent faire des fyftêmes fur des
chofes dont il n'eft pas poffible d'obferver les
premieres caufes.

SECONDE PARTIE.

L'analyse considérée dans ses moyens &
dans ses effets ; ou l'art de raisonner
réduit à une langue bien faite.

Nous connoissons l'origine & la génération
de toutes nos idées ; nous connoissons également
ment l'origine & la génération de toutes les facultés
cultés de l'ame ; & nous sçavons que l'analyse,
qui nous a conduits à ces connoissances, est l'unique
que méthode qui peut nous conduire à d'autres
tres. Elle est proprement le levier de l'esprit.
Il la faut étudier, & nous allons la considérer
dans ses moyens & dans ses effets.

CHAPITRE PREMIER.

Comment les connoissances que nous devons à la
nature, forment un système où tout est parfaitement
ment lié ; & comment nous nous égarons lorsque
nous oublions ses leçons.

Nous avons vu que par le mot *désir* on ne
peut entendre que la direction de nos facultés
sur les choses dont nous avons besoin. Nous n'a-

Comment la
nature nous
apprend à
raisonner, en

réglant elle-
même l'ufage
de nos facul-
tés.

vons donc des defirs que parce que nous avons
des befoins à fatisfaire. Ainfi, befoins, defirs,
voilà le mobile de toutes nos recherches.

Nos befoins, & les moyens d'y fatisfaire, ont
leur raifon dans la conformation de nos organes, & dans les rapports des chofes à cette conformation. Par exemple, la maniere dont je fuis
conformé, détermine les efpeces d'alimens dont
j'ai befoin ; & la maniere dont les productions
font conformées elles - mêmes, détermine celles
qui peuvent me fervir d'alimens.

Je ne puis avoir de toutes ces différentes con-
formations qu'une connoiffance bien imparfaite ;
je les ignore proprement : mais l'expérience m'apprend l'ufage des chofes qui me font abfolument
néceffaires ; j'en fuis inftruit par le plaifir ou par
la douleur ; je le fuis promptement : il me feroit
inutile d'en fçavoir davantage, & la nature borne
là fes leçons.

Nous voyons dans fes leçons un fyftême dont
toutes les parties font parfaitement bien ordonnées. S'il y a en moi des befoins & des defirs,
il y a hors de moi des objets propres à les fatif-
faire, & j'ai la faculté de les connoître & d'en
jouir.

Ce fyftême refferre naturellement mes connoiffances dans la fphere d'un petit nombre de
befoins, & d'un petit nombre de chofes à mon

tifage. Mais fi mes connoiffances ne font pas nom-breufes, elles font bien ordonnées, parce que je les ai acquifes dans l'ordre même de mes be-foins, & dans celui des rapports où les chofes font à moi.

Je vois donc dans la fphere de mes connoif-fances un fyftême qui correfpond à celui que l'Auteur de ma nature a fuivi en me formant : & cela n'eft pas étonnant ; car mes befoins & mes facultés étant donnés, mes recherches & mes connoiffances font données elles-mêmes.

Tout eft lié également dans l'un & l'autre fyf-tême. Mes organes, les fenfations que j'éprouve, les jugemens que je porte, l'expérience qui les confirme ou qui les corrige, forment l'un & l'autre fyftême pour ma confervation ; & il fem-ble que celui qui m'a fait, n'ait tout difpofé avec tant d'ordre, que pour veiller lui-même fur moi. Voilà le fyftême qu'il faudroit étudier pour apprendre à raifonner.

On ne fçauroit trop obferver les facultés que notre conformation nous donne, l'ufage qu'elle nous en fait faire ; en un mot, on ne fçauroit trop obferver ce que nous faifons uniquement d'après elle. Ses leçons, fi nous fçavions en pro-fiter, feroient la meilleure de toutes les logiques.

En effet, que nous apprend-elle ? A éviter ce qui peut nous nuire, & à rechercher ce qui

peut nous être utile. Mais faudra-t-il pour cela
que nous jugions de l'effence des êtres ? L'Auteur de notre nature ne l'exige pas. Il fçait qu'il
n'a pas mis ces effences à notre portée : il veut
feulement que nous jugions des rapports que les
chofes ont à nous , & de ceux qu'elles ont entre
elles, lorfque la connoiffance de ces derniers peut
nous être de quelque utilité.

Nous avons un moyen pour juger de ces rapports, & il eft unique ; c'eft d'obferver les fenfations que les objets font fur nous. Autant nos
fenfations peuvent s'étendre , autant la fphere de
nos connoiffances peut s'étendre elle-même : au-
delà , toute découverte nous eft interdite.

Dans l'ordre que notre nature ou notre conformation met entre nos befoins & les chofes ,
elle nous indique celui dans lequel nous devons
étudier les rapports qu'il nous eft effentiel de
connoître. D'autant plus dociles à fes leçons que
nos befoins font plus preffans , nous faifons ce
qu'elle nous indique de faire , & nous obfervons
avec ordre. Elle nous fait donc analyfer de bien
bonne heure.

Comme nos recherches fe bornent aux moyens
de fatisfaire au petit nombre de befoins qu'elle
nous a donnés ; fi nos premieres obfervations ont
été bien faites, l'ufage que nous faifons des chofes les confirme auffi-tôt : fi elles ont été mal

faites ,

faites, ce même ufage les détruit tout auffi promptement, & nous indique d'autres obfervations à
faire. Ainfi nous pouvons tomber dans des méprifes, parce qu'elles fe trouvent fur notre chemin : mais ce chemin eft celui de la vérité, &
il nous y conduit.

Obferver des rapports, confirmer fes jugemens
par de nouvelles obfervations, ou les corriger
en obfervant de nouveau, voilà donc ce que
la nature nous fait faire ; & nous ne faifons que
le faire & le refaire à chaque nouvelle connoiffance que nous acquérons. Tel eft l'art de raifonner : il eft fimple comme la nature qui nous
l'apprend.

Il femble donc que nous connoiffions déja cet
art autant qu'il eft poffible de le connoître. Cela
feroit vrai en effet, fi nous avions toujours été
capables de remarquer que c'eft la nature qui l'enfeigne, & qui peut feule l'enfeigner : car alors
nous aurions continué comme elle nous a fait
commencer.

Comment, oubliant les leçons de la nature, nous raifonnons d'après de mauvaifes habitudes.

Mais nous avons fait cette remarque trop tard :
difons mieux ; nous la faifons aujourd'hui pour
la première fois. C'eft pour la première fois que
nous voyons dans les leçons de la nature tout
l'artifice de cette analyfe, qui a donné aux hommes de génie le pouvoir de créer les fciences,
ou d'en reculer les bornes.

F

Nous avons donc oublié ces leçons ; & c'eſt pourquoi, au lieu d'obſerver les choſes que nous voulions connoître, nous avons voulu les imaginer. De ſuppoſitions fauſſes en ſuppoſitions fauſſes, nous nous ſommes égarés parmi une multitude d'erreurs ; & ces erreurs étant devenues des préjugés, nous les avons priſes, par cette raiſon, pour des principes : nous nous ſommes donc égarés de plus en plus. Alors nous n'avons ſçu raiſonner que d'après les mauvaiſes habitudes que nous avions contractées. L'art d'abuſer des mots a été pour nous l'art de raiſonner : arbitraire, frivole, ridicule, abſurde, il a eu tous les vices des imaginations déréglées.

Pour apprendre à raiſonner, il s'agit donc de nous corriger de toutes ces mauvaiſes habitudes ; & voilà ce qui rend aujourd'hui ſi difficile cet art, qui ſeroit facile par lui-même. Car nous obéiſſons à ces habitudes bien plus volontiers qu'à la nature. Nous les appellons une ſeconde nature, pour excuſer notre foibleſſe ou notre aveuglement ; mais c'eſt une nature altérée & corrompue.

Nous avons remarqué que pour contracter une habitude, il n'y a qu'à faire ; & que pour la perdre, il n'y a qu'à ceſſer de faire. Il ſemble donc que l'un ſoit auſſi facile que l'autre, & cependant cela n'eſt pas. C'eſt que, lorſque nous voulons prendre une habitude , nous penfons avant de faire ; & que lorfque nous la voulons perdre , nous avons fait avant d'avoir penfé. D'ailleurs, quand les habitudes font devenues ce que nous appellons une feconde nature, il nous eft prefque impoffible de remarquer qu'elles font mauvaifes. Les découvertes de cette efpece font les plus difficiles : auffi échappent-elles au plus grand nombre.

Je n'entends parler que des habitudes de l'ef-prit : car lorfqu'il s'agit de celles du corps, tout le monde eft fait pour en juger. L'expérience fuffit pour nous apprendre fi elles font utiles ou nuifibles; & lorfqu'elles ne font ni l'un ni l'autre, l'ufage en fait ce qu'il veut, & nous en jugeons d'après lui.

Malheureufement les habitudes de l'ame font également foumifes aux caprices de l'ufage , qui femble ne permettre ni doute, ni examen ; & elles font d'autant plus contagieufes, que l'efprit a autant de répugnance à voir fes défauts, que de pareffe à réfléchir fur lui-même. Les uns fe-roient honteux de ne pas penfer comme tout le monde : les autres trouveroient trop de fatigue à ne penfer que d'après eux ; & fi quelques-uns ont l'ambition de fe fingularifer, ce fera fouvent pour penfer plus mal encore. En contradiction avec eux-mêmes , ils ne voudront pas penfer comme les autres, & cependant ils ne toléreront pas qu'on penfe autrement qu'eux.

Si vous voulez connoître les mauvaifes habitudes de l'efprit humain, obfervez les différentes opinions des peuples. Voyez les idées fauffes, contradictoires, abfurdes que la fuperftition a répandues de toutes parts ; & jugez de la force des habitudes, à la paffion qui fait refpecter l'erreur bien plus que la vérité.

Confidérez les nations depuis leur commencement jufqu'à leur décadence, & vous verrez les préjugés fe multiplier avec les défordres : vous ferez étonné du peu de lumiere que vous trouverez dans les fiecles même qu'on nomme éclairés. En général, quelles légiflations ! quels gouvernemens ! quelle jurifprudence ! Combien peu de peuples ont eu de bonnes loix ! & combien peu les bonnes loix durent-elles !

Enfin, fi vous obfervez l'efprit philofophique chez les Grecs, chez les Romains, & chez les peuples qui leur ont fuccédé, vous verrez, aux opinions qui fe tranfmettent d'âge en âge, combien l'art de régler la penfée a été peu connu dans tous les fiecles ; & vous ferez furpris de l'ignorance où nous fommes encore à cet égard, fi vous confidérez que nous venons après des hommes de génie qui ont reculé les bornes de nos connoiffances. Tel eft en général le caractere des fectes :

ambitieufes de dominer exclufivement, il eft rare qu'elles ne cherchent que la vérité ; elles veulent fur-tout fe fingularifer. Elles agitent des queftions frivoles, elles parlent des jargons inintelligibles, elles obfervent peu, elles donnent leurs rêves pour des interprétations de la nature ; enfin, occupées à fe nuire les unes aux autres, & à fe faire chacune de nouveaux partifans, elles emploient à cet effet toutes fortes de moyens, & facrifient tout aux opinions qu'elles veulent répandre.

La vérité eft bien difficile à reconnoître parmi tant de fyftêmes monftrueux, qui font entretenus par les caufes qui les ont produits ; c'eft-à-dire, par les fuperftitions, par les gouvernemens, & par la mauvaife philofophie. Les erreurs, trop liées les unes aux autres, fe défendent mutuellement. En vain on en combattroit quelques-unes : il faudroit les détruire toutes à-la-fois ; c'eft-à-dire qu'il faudroit tout-à-coup changer toutes les habitudes de l'efprit humain. Mais ces habitudes font trop invétérées : les paffions qui nous aveuglent, les entretiennent ; & fi par hafard il eft quelques hommes capables d'ouvrir les yeux, ils font trop foibles pour rien corriger : les puiffans veulent que les abus & les préjugés durent.

Toutes ces erreurs paroiffent fuppofer en nous autant de mauvaifes habitudes, que de jugemens

Unique moyen de mettre de

F iij

l'ordre dans
la faculté de
penfer.

faux reçus pour vrais. Cependant toutes ont la
même origine, & viennent également de l'habitude de nous fervir des mots avant d'en avoir
déterminé la fignification, & même fans avoir
fenti le befoin de la déterminer. Nous n'obfervons rien : nous ne fçavons pas combien il faut
obferver : nous jugeons à la hâte, fans nous rendre compte des jugemens que nous portons ; &
nous croyons acquérir des connoiffances en
apprenant des mots qui ne font que des mots.
Parce que, dans notre enfance, nous penfons
d'après les autres, nous en adoptons tous les préjugés ; & lorfque nous parvenons à un âge où
nous croyons penfer d'après nous-mêmes, nous
continuons de penfer encore d'après les autres,
parce que nous penfons d'après les préjugés qu'ils
nous ont donnés. Alors, plus l'efprit femble faire
de progrès, plus il s'égare, & les erreurs s'ac-
cumulent de générations en générations. Quand
les chofes font parvenues à ce point, il n'y a
qu'un moyen de remettre l'ordre dans la faculté
de penfer ; c'eft d'oublier tout ce que nous avons
appris, de reprendre nos idées à leur origine,
d'en fuivre la génération, & de refaire, comme
dit Bacon, l'entendement humain.

Ce moyen eft d'autant plus difficile à prati-
quer, qu'on fe croit plus inftruit. Auffi des ouvrages où les fciences feroient traitées avec une

grande netteté, une grande précifion, un grand ordre, ne feroient-ils pas également à la portée de tout le monde. Ceux qui n'auroient rien étudié, les entendroient bien mieux que ceux qui ont fait de grandes études, & fur-tout que ceux qui ont beaucoup écrit fur les fciences. Il feroit même prefque impoffible que ceux-ci luffent de pareils ouvrages comme ils demandent à être lus. Une bonne Logique feroit dans les efprits une révolution bien lente, & le temps pourroit feul en faire connoître un jour l'utilité.

Voilà donc les effets d'une mauvaife éducation ; cette éducation n'eft mauvaife que parce qu'elle contrarie la nature. Les enfans font déterminés par leurs befoins à être obfervateurs & analyftes ; & ils ont, dans leurs facultés naiffantes, de quoi être l'un & l'autre : ils le font même en quelque forte forcément, tant que la nature les conduit feule. Mais auffi-tôt que nous commençons à les conduire nous-mêmes, nous leur interdifons toute obfervation & toute analyfe. Nous fuppofons qu'ils ne raifonnent pas, parce que nous ne fçavons pas raifonner avec eux ; & en attendant un âge de raifon, qui commençoit fans nous, & que nous retardons de tout notre pouvoir, nous les condamnons à ne juger que d'après nos opinions, nos préjugés & nos erreurs. Il faut donc qu'ils foient fans efprit,

ou qu'ils n'aient qu'un efprit faux. Si quelques-
uns fe diftinguent, c'eft qu'ils ont dans leur conformation affez d'énergie pour vaincre tôt ou
tard.les obftacles que nous avons mis au développement de leurs talens : les autres font des
plantes que nous avons mutilées jufques dans la
racine, & qui meurent ftériles.

CHAPITRE II.

Comment le langage d'action analyfe la penfée.

Nous ne
pouvons ana-
lyfer que par
le moyen
d'un langage.
Nous ne pouvons raifonner qu'avec les moyens
qui nous font donnés ou indiqués par la nature.
Il faut donc obferver ces moyens, & tâcher de
découvrir comment ils font fûrs quelquefois, &
pourquoi ils ne le font pas toujours.

Nous venons de voir que la caufe de nos erreurs eft dans l'habitude de juger d'après des
mots dont nous n'avons pas déterminé le fens :
nous avons vu, dans la premiere Partie, que
les mots nous font abfolument néceffaires pour
nous faire des idées de toutes efpeces ; & nous
verrons bientôt que les idées abftraites & générales ne font que des dénominations. Tout confirmera donc que nous ne penfons qu'avec le fecours des mots. C'en eft affez pour faire com-

prendre que l'art de raifonner a commencé avec les langues ; qu'il n'a pu faire des progrès qu'autant qu'elles en ont fait elles-mêmes ; & que par conféquent elles doivent renfermer tous les moyens que nous pouvons avoir pour analyfer bien ou mal. Il faut donc obferver les langues : il faut même, fi nous voulons connoître ce qu'elles ont été à leur naiffance, obferver le langage d'action d'après lequel elles ont été faites. C'eft par où nous allons commencer.

Les élémens du langage d'action font nés avec l'homme, & ces élémens font les organes que l'Auteur de notre nature nous a donnés. Ainfi il y a un langage inné, quoiqu'il n'y ait point d'idées qui le foient. En effet, il falloit que les élémens d'un langage quelconque, préparés d'avance, précédaffent nos idées ; parce que, fans des fignes de quelque efpece, il nous feroit impoffible d'analyfer nos penfées, pour nous rendre compte de ce que nous penfons, c'eft-à-dire, pour le voir d'une maniere diftincte.

Les élémens du langage d'action font innés.

Auffi notre conformation extérieure eft-elle deftinée à repréfenter tout ce qui fe paffe dans l'ame : elle eft l'expreffion de nos fentimens & de nos jugemens ; & quand elle parle, rien ne peut être caché.

Le propre de l'action n'eft pas d'analyfer. Comme elle ne repréfente les fentimens que

Pourquoi d'abord tout eft confus

parce qu'elle en eſt l'effet , elle repréſente à-la-
fois tous ceux que nous éprouvons au même
inſtant , & les idées ſimultanées dans notre penſée , ſont naturellement ſimultanées dans ce
langage.

Mais une multitude d'idées ſimultanées ne ſçau-
roient être diſtinctes qu'autant que nous nous
ſommes fait une habitude de les obſerver les unes
après les autres. C'eſt à cette habitude que nous
devons l'avantage de les démêler avec une promp-
titude & une facilité qui étonnent ceux qui n'ont
pas contracté la même habitude. Pourquoi, par
exemple, un muſicien diſtingue-t-il dans l'harmonie toutes les parties qui ſe font entendre à-la-
fois ? C'eſt que ſon oreille s'eſt exercée à obſerver les ſons & à les apprécier.

Les hommes commencent à parler le langage
d'action auſſi-tôt qu'ils ſentent ; & ils le parlent
alors ſans avoir le projet de communiquer leurs
penſées. Ils ne formeront le projet de le parler
pour ſe faire entendre , que lorſqu'ils auront remarqué qu'on les a entendus : mais dans les
commencemens ils ne projettent rien encore ,
parce qu'ils n'ont rien obſervé.

Tout alors eſt donc confus pour eux dans leur
langage ; & ils n'y démêleront rien , tant qu'ils
n'auront pas appris à faire l'analyſe de leurs
penſées.

Mais quoique tout soit confus dans leur langage, il renferme cependant tout ce qu'ils sentent : il renferme tout ce qu'ils y démêleront lorsqu'ils sçauront faire l'analyse de leurs pensées, c'est-à-dire, des desirs, des craintes, des jugemens, des raisonnemens, en un mot, toutes les opérations dont l'ame est capable. Car enfin, si tout cela n'y étoit pas, l'analyse ne l'y sçauroit trouver. Voyons comment ces hommes apprendront de la nature à faire l'analyse de toutes ces choses.

Ils ont besoin de se donner des secours. Donc chacun d'eux à besoin de se faire entendre, & par conséquent de s'entendre lui-même.

Comment ensuite il devient une méthode analytique.

D'abord ils obéissent à la nature ; & sans projet, comme nous venons de le remarquer, ils disent à-la-fois tout ce qu'ils sentent, parce qu'il est naturel à leur action de le dire ainsi. Cependant celui qui écoute des yeux n'entendra pas, s'il ne décompose pas cette action, pour en observer l'un après l'autre les mouvemens. Mais il lui est naturel de la décomposer, & par conséquent il la décompose avant d'en avoir formé le projet. Car, s'il en voit à-la-fois tous les mouvemens, il ne regarde au premier coup d'œil que ceux qui le frappent davantage : au second, il en regarde d'autres ; au troisieme, d'autres encore. Il les observe donc successivement, & l'analyse en est faite.

Chacun de ces hommes remarquera donc tôt ou tard, qu'il n'entend jamais mieux les autres que lorsqu'il a décomposé leur action ; & par conséquent il pourra remarquer qu'il a besoin, pour se faire entendre, de décomposer la sienne. Alors il se fera peu à peu une habitude de répéter, l'un après l'autre, les mouvemens que la nature lui fait faire à-la-fois ; & le langage d'action deviendra naturellement pour lui une méthode analytique. Je dis une *méthode*, parce que la succession des mouvemens ne se fera pas arbitrairement & sans regles : car l'action étant l'effet des besoins & des circonstances où l'on se trouve, il est naturel qu'elle se décompose dans l'ordre donné par les besoins & par les circonstances ; & quoique cet ordre puisse varier, & varie, il ne peut jamais être arbitraire. C'est ainsi que, dans un tableau, la place de chaque personnage, son action & son caractere sont déterminés, lorsque le sujet est donné avec toutes ses circonstances.

En décomposant son action, cet homme décompose sa pensée pour lui comme pour les autres ; il l'analyse, & il se fait entendre, parce qu'il s'entend lui-même.

Comme l'action totale est le tableau de toute la pensée, les actions partielles sont autant de tableaux des idées qui en font partie. Donc, s'il

décompofe encore ces actions partielles, il dé-
compofera également les idées partielles dont
elles font les fignes, & il fe fera continuellement
de nouvelles idées diftinctes.

Ce moyen, l'unique qu'il ait pour analyfer
fa penfée, pourra la développer jufques dans
les moindres détails : car les premiers fignes d'un
langage étant donnés, on n'a plus qu'à confulter
l'analogie, elle donnera tous les autres.

Il n'y aura donc point d'idées que le langage
d'action ne puiffe rendre ; & il les rendra avec
d'autant plus de clarté & de précifion, que l'analogie fe montrera plus fenfiblement dans la fuite
des fignes qu'on aura choifis. Des fignes abfolument arbitraires ne feroient pas entendus, parce
que, n'étant pas analogues, l'acception d'un figne
connu ne conduiroit pas à l'acception d'un figne
inconnu. Auffi eft-ce l'analogie qui fait tout l'artifice des langues : elles font faciles, claires &
précifes, à proportion que l'analogie s'y montre
d'une maniere plus fenfible.

Je viens de dire qu'*il y a un langage inné,
quoiqu'il n'y ait point d'idées qui le foient.* Cette
vérité, qui pourroit n'avoir pas été faifie, eft
démontrée par les obfervations qui la fuivent &
qui l'expliquent.

Le langage que je nomme inné, eft un langage que nous n'avons point appris, parce qu'il

eſt l'effet naturel & immédiat de notre con-formation. Il dit à-la-fois tout ce que nous ſen-tons : il n'eſt donc pas une méthode analytique ; il ne décompoſe donc pas nos ſenſations ; il ne fait donc pas remarquer ce qu'elles renferment ; il ne donne donc point d'idées.

Lorſqu'il eſt devenu une méthode analytique, alors il décompoſe les ſenſations, & il donne des idées : mais comme méthode, il s'apprend, & par conféquent, ſous ce point de vue, il n'eſt pas inné.

Au contraire, ſous quelque point de vue que l'on conſidere les idées, aucune ne ſçauroit être innée. S'il eſt vrai qu'elles ſont toutes dans nos ſenſations, il n'eſt pas moins vrai qu'elles n'y ſont pas pour nous encore, lorſque nous n'avons pas ſçu les obſerver ; & voilà ce qui fait que le ſçavant & l'ignorant ne ſe reſſemblent pas par les idées, quoiqu'ayant la même organiſation, ils ſe reſſemblent par la maniere de ſentir. Ils ſont nés tous deux avec les mêmes ſenſations, comme avec la même ignorance ; mais l'un a plus analyſé que l'autre. Or, ſi c'eſt l'analyſe qui donne les idées, elles ſont acquiſes, puiſque l'analyſe s'ap-prend elle-même. Il n'y a donc point d'idées innées.

On raiſonne donc mal quand on dit : *Cette idée eſt dans nos ſenſations ; donc nous avons cette idée :* & cependant on ne fe laffe pas de répéter ce raifonnement. Parce que perfonne n'avoit encore remarqué que nos langues font autant de méthodes analytiques, on ne remarquoit pas que nous n'analyfons que par elles, & l'on ignoroit que nous leur devons toutes nos connoiffances. Auffi la métaphyfique de bien des écrivains n'eft-elle qu'un jargon inintelligible pour eux comme pour les autres.

CHAPITRE III.

Comment les langues font des méthodes analytiques. Imperfection de ces méthodes.

On concevra facilement comment les langues font autant de méthodes analytiques, fi l'on a conçu comment le langage d'action en eft une lui-même ; & fi l'on a compris que, fans ce dernier langage, les hommes auroient été dans l'impuiffance d'analyfer leurs penfées, on reconnoîtra qu'ayant ceffé de le parler, ils ne les analyferoient pas, s'ils n'y avoient fuppléé par le langage des fons articulés. L'analyfe ne fe fait & ne peut fe faire qu'avec des fignes.

Les langues font autant de méthodes analytiques.

Il faut même remarquer que fi elle ne s'étoit pas d'abord faite avec les fignes du langage d'action, elle ne fe feroit jamais faite avec les fons articulés de nos langues. En effet, comment un mot feroit-il devenu le figne d'une idée, fi cette idée n'avoit pas pu être montrée dans le langage d'action ? Et comment ce langage l'auroit-il montrée, s'il ne l'avoit pas fait obferver féparément de toute autre ?

Elles ont commencé, comme toutes les inventions des hommes, avant qu'on eût le projet d'en faire.

Les hommes ignorent ce qu'ils peuvent, tant que l'expérience ne leur a pas fait remarquer ce qu'ils font d'après la nature feule. C'eft pourquoi ils n'ont jamais fait avec deffein que des chofes qu'ils avoient déja faites fans avoir eu le projet de les faire. Je crois que cette obfervation fe confirmera toujours ; & je crois encore que fi elle n'avoit pas échappé, on raifonneroit mieux qu'on ne fait.

Ils n'ont penfé à faire des analyfes qu'après avoir obfervé qu'ils en avoient fait : ils n'ont penfé à parler le langage d'action pour fe faire entendre, qu'après avoir obfervé qu'on les avoit entendus. De même ils n'auront penfé à parler avec des fons articulés, qu'après avoir obfervé qu'ils avoient parlé avec de pareils fons ; & les langues ont commencé avant qu'on eût le projet d'en faire. C'eft ainfi qu'ils ont été poëtes, orateurs avant de fonger à l'être. En un mot, tout ce qu'ils font devenus, ils l'ont d'abord été par la nature feule ; & ils n'ont étudié pour l'être, que lorfqu'ils ont eu obfervé ce que la nature

leur

leur avoit fait faire. Elle a tout commencé, &
toujours bien : c'eſt une vérité qu'on ne ſçauroit
trop répéter.

Les langues ont été des méthodes exactes, tant
qu'on n'a parlé que des choſes relatives aux beſoins de premiere néceſſité. Car, s'il arrivoit alors
de ſuppoſer dans une analyſe ce qui n'y devoit
pas être, l'expérience ne pouvoit manquer de
le faire appercevoir. On corrigeoit donc ſes erreurs, & on parloit mieux.

Comment
elles ont été
des méthodes
exactes.

A la vérité les langues étoient alors très-bor-
nées : mais il ne faut pas croire que, pour être
bornées, elles en fuſſent plus mal faites ; il ſe
pourroit que les nôtres le fuſſent moins bien. En
effet, les langues ne ſont pas exactes parce qu'elles parlent de beaucoup de choſes avec beaucoup
de confuſion, mais parce qu'elles parlent avec
clarté, quoique d'un petit nombre.

Si, en voulant les perfectionner, on avoit pu
continuer comme on avoit commencé, on n'auroit cherché de nouveaux mots dans l'analogie
que lorſqu'une analyſe bien faite auroit en effet
donné de nouvelles idées ; & les langues, toujours exactes, auroient été plus étendues.

Mais cela ne ſe pouvoit pas. Comme les hommes analyſoient ſans le ſçavoir, ils ne remarquoient pas que, s'ils avoient des idées exactes,
ils les devoient uniquement à l'analyſe. Ils ne

Comment
elles ſont de-
venues des
méthodes dé-
fectueuſes.

G

connoiſſoient donc pas toute l'importance de cette méthode, & ils analyſoient moins, à meſure que le beſoin d'analyſer ſe faiſoit moins ſentir.

Or, quand on ſe fut aſſuré de ſatisfaire aux beſoins de premiere néceſſité, on s'en fit de moins néceſſaires : de ceux - là on paſſa à de moins néceſſaires encore, & l'on vint par degrés à ſe faire des beſoins de pure curioſité, des beſoins d'opinion, enfin des beſoins inutiles, & tous plus frivoles les uns que les autres.

Alors on ſentit tous les jours moins la néceſ-ſité d'analyſer : bientôt on ne ſentit plus que le deſir de parler, & on parla avant d'avoir des idées de ce qu'on vouloit dire. Ce n'étoit plus le temps où les jugemens ſe mettoient naturellement à l'épreuve de l'expérience. On n'avoit pas le même intérêt à s'aſſurer ſi les choſes dont on jugeoit, étoient telles qu'on l'avoit ſuppoſé. On aimoit à le croire ſans examen ; & un jugement dont on s'étoit fait une habitude, devenoit une opinion dont on ne doutoit plus. Ces mépriſes devoient être fréquentes, parce que les choſes dont on jugeoit, n'avoient pas été obſervées, & que ſouvent elles ne pouvoient pas l'être.

Alors un premier jugement faux en fit porter un ſecond, & bientôt on en fit ſans nombre. L'analogie conduiſit d'erreurs en erreurs, parce qu'on étoit conſéquent.

Voilà ce qui eſt arrivé aux philoſophes mêmes. Il n'y a pas bien long-temps qu'ils ont appris l'analyſe : encore n'en ſçavent-ils faire uſage que dans les mathématiques, dans la phyſique & dans la chymie. Au moins n'en connois-je pas qui aient ſçu l'appliquer aux idées de toutes eſpeces. Auſſi aucun d'eux n'a-t-il imaginé de conſidérer les langues comme autant de méthodes analytiques.

Les langues étoient donc devenues des méthodes bien défectueuſes. Cependant le commerce rapprochoit les peuples, qui échangeoient, en quelque ſorte, leurs opinions & leurs préjugés, comme les productions de leur ſol & de leur induſtrie. Les langues ſe confondoient, & l'analogie ne pouvoit plus guider l'eſprit dans l'acception des mots. L'art de raiſonner parut donc ignoré : on eût dit qu'il n'étoit plus poſſible de l'apprendre.

Cependant, ſi les hommes avoient d'abord été placés par leur nature dans le chemin des découvertes, ils pouvoient par haſard s'y retrouver encore quelquefois : mais ils s'y retrouvoient ſans le reconnoître, parce qu'ils ne l'avoient jamais étudié, & ils s'égaroient de nouveau.

Auſſi a-t-on fait, pendant des ſiecles, de vains efforts pour découvrir les regles de l'art de raiſonner. On ne ſçavoit où les prendre, & on les

Si l'on avoit remarqué que les langues ſont autant de mé-

thodes analy-
tiques, il n'au-
roit pas été
difficile de
trouver les
regles de l'art
de raifonner.

cherchoit dans le mécanifme du difcours ; mécanifme qui laiffoit fubfifter tous les vices des
langues.

Pour les trouver il n'y avoit qu'un moyen ;
c'étoit d'obferver notre maniere de concevoir,
& de l'étudier dans les facultés dont notre nature
nous a doués. Il falloit remarquer que les langues ne font, dans le vrai, que des méthodes
analytiques ; méthodes fort défectueufes aujour-
d'hui, mais qui ont été exactes, & qui pourroient
l'être encore. On ne l'a pas vu, parce que n'ayant
pas remarqué combien les mots nous font néceffaires pour nous faire des idées de toutes efpeces,
on a cru qu'ils n'avoient d'autre avantage que
d'être un moyen de nous communiquer nos penfées. D'ailleurs, comme, à bien des égards, les
langues ont paru arbitraires aux grammairiens &
aux philofophes, il eft arrivé qu'on a fuppofé
qu'elles n'ont pour regles que le caprice de l'u-
fage ; c'eft-à-dire, que fouvent elles n'en ont point.
Or toute méthode en a toujours, & doit en
avoir. Il ne faut donc pas s'étonner fi jufqu'à
préfent perfonne n'a foupçonné les langues d'être
autant de méthodes analytiques. (*Cours d'Etude*,
*Gramm. les huit premiers Chapitres de la premiere
Partie.*)

CHAPITRE IV.

De l'influence des langues.

PUISQUE les langues, formées à mesure que nous analyſons, ſont devenues autant de méthodes analytiques, on conçoit qu'il nous eſt naturel de penſer d'après les habitudes qu'elles nous ont fait prendre. Nous penſons par elles : regles de nos jugemens, elles font nos connoiſſances, nos opinions, nos prejugés : en un mot, elles font en ce genre tout le bien & tout le mal. Telle eſt leur influence, & la choſe ne pouvoit pas arriver autrement.

Elles nous égarent, parce que ce ſont des méthodes imparfaites : mais puiſque ce ſont des méthodes, elles ne ſont pas imparfaites à tous égards, & elles nous conduiſent bien quelquefois. Il n'eſt perſonne qui, avec le ſeul ſecours des habitudes contractées dans ſa langue, ne ſoit capable de faire quelques bons raiſonnemens. C'eſt même ainſi que nous avons tous commencé, & l'on voit ſouvent des hommes ſans étude raiſonner mieux que d'autres qui ont beaucoup étudié.

On deſireroit que les philoſophes euſſent préſidé à la formation des langues, & on croit qu'elles auroient été mieux faites. Il faudroit donc

Les langues font nos connoiſſances, nos opinions, nos préjugés.

Les langues des ſciences ne ſont pas les mieux faites.

G iij

que ce fuffent d'autres philofophes que ceux que nous connoiffons. Il eft vrai qu'en mathématiques on parle avec précifion, parce que l'algebre, ouvrage du génie, eft une langue qu'on ne pouvoit pas mal faire. Il eft vrai encore que quelques parties de la phyfique & de la chymie ont été traitées avec la même précifion par un petit nombre d'excellens efprits faits pour bien obferver. D'ailleurs je ne vois pas que les langues des fciences aient aucun avantage. Elles ont les mêmes défauts que les autres, & de plus grands encore. On les parle tout auffi fouvent fans rien dire : fouvent encore on ne les parle que pour dire des abfurdités ; & en général, il ne paroît pas qu'on les parle avec le deffein de fe faire entendre.

Les premieres langues vulgaires ont été les plus propres au raifonnement.

Je conjecture que les premieres langues vulgaires ont été les plus propres au raifonnement : car la nature, qui préfidoit à leur formation, avoit au moins bien commencé. La génération des idées & des facultés de l'ame devoit être fenfible dans ces langues, où la premiere acception d'un mot étoit connue, & où l'analogie donnoit toutes les autres. On retrouvoit dans les noms des idées qui échappoient aux fens, les noms même des idées fenfibles d'où elles viennent; & au lieu de les voir comme des noms propres de ces idées, on les voyoit comme des

expreſſions figurées qui en montroient l'origine.
Alors, par exemple, on ne demandoit pas ſi le
mot *ſubſtance* ſignifie autre choſe que *ce qui eſt
deſſous ;* ſi le mot *penſée* ſignifie autre choſe que
peſer, balancer, comparer. En un mot, on n'ima-
ginoit pas de faire les queſtions que font aujour-
d'hui les métaphyſiciens : les langues, qui répon-
doient d'avance à toutes, ne permettoient pas
de les faire, & l'on n'avoit point encore de mauvaiſe métaphyſique.

La bonne métaphyſique a commencé avant les
langues ; & c'eſt à elle qu'elles doivent tout ce
qu'elles ont de mieux. Mais cette métaphyſique
étoit alors moins une ſcience qu'un inſtinct.
C'étoit la nature qui conduiſoit les hommes à
leur inſçu ; & la métaphyſique n'eſt devenue
ſcience que lorſqu'elle a ceſſé d'être bonne.

Une langue feroit bien ſupérieure, ſi le peuple
qui la fait, cultivoit les arts & les ſciences ſans
rien emprunter d'aucun autre : car l'analogie,
dans cette langue, montreroit ſenſiblement le
progrès des connoiſſances, & l'on n'auroit pas
beſoin d'en chercher l'hiſtoire ailleurs. Ce feroit
là une langue vraiment ſçavante, & elle le feroit
ſeule. Mais quand elles font des ramas de pluſieurs
langues étrangeres les unes aux autres, elles confondent tout : l'analogie ne peut plus faire appercevoir dans les différentes acceptions des mots,

Ce font ſur-
tout les phi-
loſophes qui
ont mis le dé-
ſordre dans
le langage.

G iv

l'origine & la génération des connoiſſances : nous
ne ſçavons plus mettre de la préciſion dans nos
diſcours, nous n'y ſongeons pas : nous faiſons
des queſtions au haſard, nous y répondons de
même : nous abuſons continuellement des mots,
& il n'y a point d'opinions extravagantes qui ne
trouvent des partiſans.

Ce ſont les philoſophes qui ont amené les
choſes à ce point de déſordre. Ils ont d'autant
plus mal parlé, qu'ils ont voulu parler de tout :
ils ont d'autant plus mal parlé, que lorſqu'il leur
arrivoit de penſer comme tout le monde, chacun
d'eux vouloit paroître avoir une façon de penſer
qui ne fût qu'à lui. Subtils, ſinguliers, viſion-
naires, inintelligibles, ſouvent ils ſembloient
craindre de n'être pas aſſez obſcurs, & ils affec-
toient de couvrir d'un voile leurs connoiſſances
vraies ou prétendues. Auſſi la langue de la phi-
loſophie n'a-t-elle été qu'un jargon pendant pluſieurs ſiecles.

Enfin ce jargon a été banni des ſciences. Il a
été banni, dis-je ; mais il ne s'eſt pas banni lui-
même : il y cherche toujours un aſyle, en ſe dé-
guiſant ſous de nouvelles formes, & les meilleurs
eſprits ont bien de la peine à lui fermer toute
entrée. Mais enfin les ſciences ont fait des progrès, parce que les philoſophes ont mieux obſervé, & qu'ils ont mis dans leur langage la préci-

fion & l'exactitude qu'ils avoient mifes dans leurs
obfervations. Ils ont donc corrigé la langue à
bien des égards, & l'on a mieux raifonné. C'eft
ainfi que l'art de raifonner a fuivi toutes les va-
riations du langage, & c'eft ce qui devoit arriver. (*Cours d'Etude*, *Hift. anc. liv. 3, chap. 26.*
Hift. mod. liv. 8 & 9, chap. 8, 9 & fuiv. enfin
liv. dernier.)

CHAPITRE V.

Confidérations fur les idées abftraites & générales ;
ou comment l'art de raifonner fe réduit à une
langue bien faite.

LES idées générales, dont nous avons expliqué
la formation, font partie de l'idée totale de chacun des individus auxquels elles conviennent,
& on les confidere, par cette raifon, comme
autant d'idées partielles. Celle d'*homme*, par
exemple, fait partie des idées totales de Pierre &
de Paul, puifque nous la trouvons également
dans Pierre & dans Paul.

Il n'y a point d'homme en général. Cette idée
partielle n'a donc point de réalité hors de nous :
mais elle en a une dans notre efprit, où elle
exifte féparément des idées totales ou individuelles dont elle fait partie.

Les idées
abftraites &
générales ne
font que des
dénomina-
tions.

Elle n'a une réalité dans notre efprit que parce que nous la confidérons comme féparée de chaque idée individuelle ; & par cette raifon nous la nommons *abftraite* : car *abftrait* ne fignifie autre chofe que *féparé*.

Toutes les idées générales font donc autant d'idées abftraites ; & vous voyez que nous ne les formons qu'en prenant dans chaque idée individuelle ce qui eft commun à toutes.

Mais qu'eft - ce au fond que la réalité qu'une idée générale & abftraite a dans notre efprit ? Ce n'eft qu'un nom ; ou fi elle eft quelque autre chofe, elle ceffe néceffairement d'être abftraite & générale.

Quand, par exemple, je penfe à *homme*, je puis ne confidérer dans ce mot qu'une dénomination commune : auquel cas il eft bien évident que mon idée eft en quelque forte circonfcrite dans ce nom, qu'elle ne s'étend à rien au-delà, & que par conféquent elle n'eft que ce nom même.

Si au contraire, en penfant à *homme*, je confidere dans ce mot quelque autre chofe qu'une dénomination, c'eft qu'en effet je me repréfente un homme ; & un homme, dans mon efprit comme dans la nature, ne fçauroit être l'homme abftrait & général.

Les idées abftraites ne font donc que des dénominations. Si nous voulions abfolument y fuppoſer autre choſe, nous reſſemblerions à un peintre qui s'obſtineroit à vouloir peindre l'homme en général, & qui cependant ne peindroit jamais que des individus.

Cette obſervation ſur les idées abſtraites & générales, démontre que leur clarté & leur préciſion dépendent uniquement de l'ordre dans lequel nous avons fait les dénominations des claſſes ; & que par conſéquent, pour déterminer ces ſortes d'idées, il n'y a qu'un moyen ; c'eſt de bien faire la langue.

Par conſé-quent l'art de raiſonner ſe réduit à une langue bien faite.

Elle confirme ce que nous avons déja démontré, combien les mots nous ſont néceſſaires : car ſi nous n'avions point de dénominations, nous n'aurions point d'idées abſtraites ; ſi nous n'avions point d'idées abſtraites, nous n'aurions ni genres ni eſpeces ; & ſi nous n'avions ni genres ni eſpeces, nous ne pourrions raiſonner ſur rien. Or, ſi nous ne raiſonnons qu'avec le ſecours de ces dénominations, c'eſt une nouvelle preuve que nous ne raiſonnons bien ou mal que parce que notre langue eſt bien ou mal faite. L'analyſe ne nous apprendra donc à raiſonner qu'autant qu'en nous apprenant à déterminer les idées abſtraites & générales, elle nous apprendra à bien faire notre langue ; & tout l'art de raiſonner ſe réduit à l'art de bien parler.

Parler, raiſonner, ſe faire des idées générales

ou abſtraites, c'eſt donc au fond la même choſe ; & cette vérité, toute ſimple qu'elle eſt, pourroit paſſer pour une découverte. Certainement on ne s'en eſt pas douté : il le paroît à la maniere dont on parle & dont on raiſonne : il le paroît à l'abus qu'on fait des idées générales : il le paroît enfin aux difficultés que croient trouver à concevoir des idées abſtraites ceux qui en trouvent ſi peu à parler.

L'art de raiſonner ne ſe réduit à une langue bien faite, que parce que l'ordre dans nos idées n'eſt lui-même que la ſubordination qui eſt entre les noms donnés aux genres & aux eſpeces ; & puiſque nous n'avons de nouvelles idées que parce que nous formons de nouvelles claſſes, il eſt évident que nous ne déterminerons les idées qu'autant que nous déterminerons les claſſes mêmes. Alors nous raiſonnerons bien, parce que l'analogie nous conduira dans nos jugemens comme dans l'intelligence des mots.

Cette vérité bien connue nous garantira de beaucoup d'erreurs.

Convaincus que les claſſes ne ſont que des dénominations, nous n'imaginerons pas de ſuppoſer qu'il exiſte dans la nature des genres & des eſpeces, & nous ne verrons dans ces mots, *genres* & *eſpeces*, qu'une maniere de claſſer les choſes ſuivant les rapports qu'elles ont à nous & entre elles. Nous reconnoîtrons que nous ne pouvons découvrir que ces rapports, & nous

ne croirons pas pouvoir dire ce qu'elles font.
Nous éviterons par conféquent bien des erreurs.

Si nous remarquons que toutes ces claffes ne
nous font néceffaires que parce que nous avons
befoin, pour nous faire des idées diftinctes, de
décompofer les objets que nous voulons étudier;
nous reconnoîtrons non-feulement la limitation
de notre efprit, nous verrons encore où en font
les bornes, & nous ne fongerons point à les fran-
chir. Nous ne nous perdrons pas dans de vaines
queftions : au lieu de chercher ce que nous ne
pouvons pas trouver, nous trouverons ce qui
fera à notre portée. Il ne faudra pour cela que
fe faire des idées exactes; ce que nous fçaurons
toujours, quand nous fçaurons nous fervir des
mots.

Or nous fçaurons nous fervir des mots, lorfqu'au lieu d'y chercher des effences que nous
n'avons pas pu y mettre, nous n'y chercherons
que ce que nous y avons mis, les rapports des
chofes à nous, & ceux qu'elles ont entre elles.

Nous fçaurons nous en fervir, lorfque les confidérant relativement à la limitation de notre efprit, nous ne les regarderons que comme un
moyen dont nous avons befoin pour penfer.
Alors nous fentirions que la plus grande analogie en doit déterminer le choix, qu'elle en doit
déterminer toutes les acceptions; & nous bor-

nerions nécessairement le nombre des mots au nombre dont nous aurions besoin. Nous ne nous égarerions plus parmi des distinctions frivoles, des divisions, des sous-divisions sans fin, & des mots étrangers qui deviennent barbares dans notre langue.

Enfin nous sçaurons nous servir des mots, lorsque l'analyse nous aura fait contracter l'habitude d'en chercher la premiere acception dans leur premier emploi, & toutes les autres dans l'analogie.

C'eſt à cette analyse seule que nous devons le pouvoir d'abstraire & de généraliser. Elle fait donc les langues; elle nous donne donc des idées exactes de toutes especes. En un mot, c'eſt par elle que nous devenons capables de créer les arts & les sciences. Disons mieux; c'eſt elle qui les a créés. Elle a fait toutes les découvertes, & nous n'avons eu qu'à la suivre. L'imagination, à laquelle on attribue tous les talens, ne seroit rien sans l'analyse.

C'eſt l'analyse qui fait les langues, & qui crée les arts & les sciences.

Elle ne seroit rien ! Je me trompe : elle seroit une source d'opinions, de préjugés, d'erreurs; & nous ne ferions que des rêves extravagans, si l'analyse ne la régloit pas quelquefois. En effet, les écrivains qui n'ont que de l'imagination, font-ils autre chose ?

La route que l'analyse nous trace eſt marquée

par une fuite d'obfervations bien faites ; & nous
y marchons d'un pas affuré, parce que nous
fçavons toujours où nous fommes , & que nous
voyons toujours où nous allons. D'ailleurs l'analyfe nous aide de tout ce qui peut nous être de
quelque fecours. Notre efprit , fi foible par lui-
même , trouve en elle des leviers de toutes efpeces ; & il obferve les phénomenes de la nature ,
en quelque forte , avec la même facilité que s'il
les régloit lui-même.

Mais , pour bien juger de ce que nous lui devons, il la faut bien connoître ; autrement fon
ouvrage nous paroîtra celui de l'imagination.
Parce que les idées que nous nommons abftraites , ceffent de tomber fous les fens, nous croirons qu'elles n'en viennent pas; & parce qu'a-
lors nous ne verrons pas ce qu'elles peuvent
avoir de commun avec nos fenfations , nous nous
imaginerons qu'elles font quelque autre chofe.
Préoccupés de cette erreur, nous nous aveu-
glerons fur leur origine & leur génération : il
nous fera impoffible de voir ce qu'elles font , &
cependant nous croirons le voir : nous n'aurons
que des vifions. Tantôt les idées feront des êtres
qui ont par eux - mêmes une exiftence dans
l'ame , des êtres innés , ou des êtres ajoutés fucceffivement au fien : d'autres fois ce feront des
êtres qui n'exiftent qu'en Dieu , & que nous ne

C'eft d'après
elle qu'il faut
chercher la
vérité, & non
pas d'après l'i-
magination.

voyons qu'en lui. De pareils rêves nous écarte-
ront néceffairement du chemin des découvertes,
& nous n'irons plus que d'erreur en erreur. Voilà
cependant les fyftêmes que fait l'imagination :
quand une fois nous les avons adoptés, il ne
nous eft plus poffible d'avoir une langue bien
faite ; & nous fommes condamnés à raifonner
prefque toujours mal, parce que nous raifonnons
mal fur les facultés de notre efprit.

Ce n'eft pas ainfi que les hommes, comme
nous l'avons remarqué, fe conduifoient au fortir
des mains de l'Auteur de la nature. Quoiqu'alors
ils cherchaffent fans fçavoir ce qu'ils cherchoient,
ils cherchoient bien ; & ils trouvoient fouvent,
fans s'appercevoir qu'ils avoient cherché. C'eft
que les befoins que l'Auteur de la nature leur
avoit donnés, & les circonftances où il les avoit
placés, les forçoient à obferver, & les avertif-
foient fouvent de ne pas imaginer. L'analyfe, qui
faifoit la langue, la faifoit bien, parce qu'elle dé-
terminoit toujours le fens des mots ; & la langue,
qui n'étoit pas étendue, mais qui étoit bien faite,
conduifoit aux découvertes les plus néceffaires.
Malheureufement les hommes ne fçavoient pas
obferver comment ils s'inftruifoient. On diroit
qu'ils ne font capables de bien faire que ce qu'ils
font à leur infçu ; & les philofophes, qui auroient
dû chercher avec plus de lumiere, ont cherché

fouvent

souvent pour ne rien trouver, ou pour s'égarer. (*Cours d'Etude, Art de penser, part. 2, ch. 5.*)

CHAPITRE VI.

Combien se trompent ceux qui regardent les définitions comme l'unique moyen de remédier aux abus du langage.

LES vices des langues sont sensibles, sur-tout dans les mots dont l'acception n'est pas déterminée, ou qui n'ont pas de sens. On a voulu y remédier; & parce qu'il y a des mots qu'on peut définir, on a dit, Il les faut définir tous. En conséquence, les définitions ont été regardées comme la base de l'art de raisonner.

Un triangle est une surface terminée par trois lignes. Voilà une définition. Si elle donne du triangle une idée sans laquelle il seroit impossible d'en déterminer les propriétés, c'est que pour découvrir les propriétés d'une chose, il la faut analyser, & que pour l'analyser il la faut voir. De pareilles définitions montrent donc les choses qu'on se propose d'analyser, & c'est tout ce qu'elles font. Nos sens nous montrent également les objets sensibles, & nous les analysons, quoique nous ne puissions pas les définir. La nécessité de définir n'est donc que la nécessité de

Les définitions se bornent à montrer les choses; & l'on ne sçait pas ce qu'on veut dire quand on les donne pour des principes.

H

voir les chofes fur lefquelles on veut raifonner; & fi l'on peut voir fans définir, les définitions deviennent inutiles. C'eft le cas le plus ordinaire.

Sans doute que, pour étudier une chofe, il faut que je la voie : mais quand je la vois, je n'ai qu'à l'analyfer. Lors donc que je découvre les propriétés d'une furface terminée par trois lignes, c'eft l'analyfe feule qui eft le principe de mes découvertes, fi l'on veut des principes; & cette définition ne fait que me montrer le triangle qui eft l'objet de mes recherches, comme mes fens me montrent les objets fenfibles. Que fignifie donc ce langage, *Les définitions font des principes ?* Il fignifie qu'il faut commencer par voir les chofes pour les étudier, & qu'il les faut voir telles qu'elles font. Il ne fignifie que cela, & cependant on croit dire quelque chofe de plus.

Principe eft fynonyme de *commencement*, & c'eft dans cette fignification qu'on l'a d'abord employé : mais enfuite, à force d'en faire ufage, on s'en eft fervi par habitude, machinalement, fans y attacher d'idées, & l'on a eu des principes qui ne font le commencement de rien.

Je dirai que nos fens font le *principe* de nos connoiffances, parce que c'eft aux fens qu'elles commencent, & je dirai une chofe qui s'entend. Il n'en fera pas de même fi je dis qu'*une furface terminée par trois lignes eft le principe de toutes les propriétés du triangle, parce que toutes les pro-priétés du triangle commencent à une surface ter-minée par trois lignes.* Car j'aimerois autant dire que *toutes les propriétés d'une surface terminée par trois lignes, commencent à une surface terminée par trois lignes.* En un mot, cette définition ne m'apprend rien : elle ne fait que me montrer une chose que je connois, & dont l'analyse peut seule me découvrir les propriétés.

Les définitions se bornent donc à montrer les choses : mais elles ne les éclairent pas toujours d'une lumiere égale. *L'ame est une substance qui sent,* est une définition qui montre l'ame bien imparfaitement à tous ceux à qui l'analyse n'a pas appris que toutes ses facultés ne font, dans le principe ou dans le commencement, que la faculté de sentir. Ce n'est donc pas par une pareille définition qu'il faudroit commencer à traiter de l'ame : car quoique toutes ses facultés ne soient, dans le principe, que sentir, cette vérité n'est pas un principe ou un commencement pour nous, si, au lieu d'être une premiere connoissan-ce, elle est une derniere. Or elle est une derniere, puisqu'elle est un résultat donné par l'analyse.

Prévenus qu'il faut tout définir, les géome-tres font souvent de vains efforts, & cherchent des définitions qu'ils ne trouvent pas. Telle est, par exemple, celle de la ligne droite : car dire

Il est rare qu'on puisse faire des définitions.

H ij

avec eux qu'elle eſt la plus courte d'un point à un autre, ce n'eſt pas la faire connoître, c'eſt ſuppoſer qu'on la connoît. Or, dans leur langage, une définition étant un principe, elle ne doit pas ſuppoſer que la choſe ſoit connue. Voilà un écueil où échouent tous les faiſeurs d'élémens, au grand ſcandale de quelques géometres, qui ſe plaignent qu'on n'ait pas encore donné une bonne définition de la ligne droite, & qui ſemblent ignorer qu'on ne doit pas définir ce qui eſt indéfiniſſable. Mais ſi les définitions ſe bornent à nous montrer les choſes, qu'importe que ce ſoit avant que nous les connoiſſions, ou ſeulement après ? Il me ſemble que le point eſſentiel eſt de les connoître.

Or on ſeroit convaincu que l'unique moyen de les connoître eſt de les analyſer, ſi on avoit remarqué que les meilleures définitions ne ſont que des analyſes. Celle du triangle, par exemple, en eſt une : car certainement, pour dire qu'il eſt une ſurface terminée par trois lignes, il a fallu obſerver, l'un après l'autre, les côtés de cette figure, & les compter. Il eſt vrai que cette analyſe ſe fait en quelque ſorte du premier coup, parce que nous comptons promptement juſqu'à trois. Mais un enfant ne compteroit pas auſſi vîte, & cependant il analyſeroit le triangle auſſi bien que nous. Il l'analyſeroit lentement, comme nous-mêmes, après avoir compté lentement, nous ferions la définition ou l'analyſe d'une figure d'un grand nombre de côtés.

Ne diſons pas qu'il faut, dans nos recherches, avoir pour principes des définitions : diſons plus ſimplement, qu'il faut bien commencer, c'eſt-à-dire, voir les choſes telles qu'elles ſont ; & ajoutons que, pour les voir ainſi, il faut toujours commencer par des analyſes.

En nous exprimant de la ſorte, nous parlerons avec plus de préciſion, & nous n'aurons pas la peine de chercher des définitions qu'on ne trouve pas. Nous ſçaurons, par exemple, que, pour connoître la ligne droite, il n'eſt point du tout néceſſaire de la définir à la maniere des géometres, & qu'il ſuffit d'obſerver comment nous en avons acquis l'idée.

Parce que la géométrie eſt une ſcience qu'on nomme exacte, on a cru que, pour bien traiter toutes les autres ſciences, il n'y avoit qu'à contrefaire les géometres, & la manie de définir à leur maniere eſt devenue la manie de tous les philoſophes, ou de ceux qui ſe donnent pour tels. Ouvrez un dictionnaire de langue, vous verrez qu'à chaque article on veut faire des définitions, & qu'on y réuſſit mal. Les meilleures ſuppoſent, comme celle de la ligne droite, que la ſignification des mots eſt connue ; ou ſi

Vains efforts de ceux qui ont la manie de tout définir.

elles ne fuppofent rien, on ne les entend pas.

Les défini-
tions font
inutiles, par-
ce que c'est à
l'analyfe à
déterminer
nos idées.

Ou nos idées font fimples, ou elles font compofées. Si elles font fimples, on ne les définira pas : un géometre le tenteroit inutilement ; il y échoueroit comme à la ligne droite. Mais, quoiqu'elles ne puiffent pas être définies, l'analyfe nous montrera toujours comment nous les avons acquifes, parce qu'elle montrera d'où elles viennent, & comment elles nous viennent.

Si une idée eft compofée, c'eft encore à l'analyfe feule à la faire connoître, parce qu'elle peut feule, en la décompofant, nous en montrer toutes les idées partielles. Ainfi, quelles que foient nos idées, il n'appartient qu'à l'analyfe de les déterminer d'une maniere claire & précife.

Cependant il reftera toujours des idées qu'on ne déterminera point, ou qu'au moins on ne pourra pas déterminer au gré de tout le monde. C'eft que les hommes n'ayant pu s'accorder à les compofer chacun de la même maniere, elles font néceffairement indéterminées. Telle eft, par exemple, celle que nous défignons par le mot *efprit.* Mais quoique l'analyfe ne puiffe pas déterminer ce que nous entendons par un mot que nous n'entendons pas tous de la même maniere, elle déterminera cependant tout ce qu'il eft poffible d'entendre par ce mot, fans empêcher néanmoins que chacun n'entende ce qu'il veut, comme cela arrive : c'eft-à-dire qu'il lui fera plus facile de corriger la langue, que de nous corriger nous-mêmes.

Mais enfin c'eft elle feule qui corrigera tout ce qui peut être corrigé, parce que c'eft elle feule qui peut faire connoître la génération de toutes nos idées. Auffi les philofophes fe font-ils prodigieufement égarés, lorfqu'ils ont abandonné l'analyfe, & qu'ils ont cru y fuppléer par des définitions. Ils fe font d'autant plus égarés, qu'ils n'ont pas fçu donner encore une bonne définition de l'analyfe même. Aux efforts qu'ils font pour expliquer cette méthode, on diroit qu'il y a bien du myftere à décompofer un tout en fes parties, & à le recompofer : cependant il fuffit d'obferver fucceffivement & avec ordre. Voyez, dans l'Encyclopédie, le mot *Analyfe.*

C'eft la fynthefe qui a amené la manie des définitions, cette méthode ténébreufe qui commence toujours par où il faut finir, & que cependant on appelle *méthode de doctrine.*

La fynthefe, méthode ténébreufe.

Je n'en donnerai pas une notion plus précife, foit parce que je ne la comprends pas, foit parce qu'il n'eft pas poffible de la comprendre. Elle échappe d'autant plus, qu'elle prend tous les caracteres des efprits qui veulent l'employer, & furtout ceux des efprits faux. Voici comment un écrivain célebre s'explique à ce fujet. *Enfin,*

dit-il, *ces deux méthodes* (l'analyſe & la ſyntheſe)
ne diffèrent que comme le chemin qu'on fait en mon-
tant d'une vallée en une montagne, & celui qu'on
fait en deſcendant de la montagne dans la vallée [a].
A ce langage je vois ſeulement que ce ſont là
deux méthodes contraires, & que ſi l'une eſt
bonne, l'autre eſt mauvaiſe. En effet, on ne peut
aller que du connu à l'inconnu. Or, ſi l'inconnu
eſt ſur la montagne, ce ne ſera pas en deſcendant
qu'on y arrivera ; & s'il eſt dans la vallée, ce
ne ſera pas en montant. Il ne peut donc pas y
avoir deux chemins contraires pour y arriver.
De pareilles opinions ne méritent pas une criti-
que plus ſérieuſe. (*Cours d'Etude, Art de penſer,*
part. 1 *, chap.* 9.)

On ſuppoſe que le propre de la ſyntheſe eſt
de compoſer nos idées, & que le propre de l'analyſe eſt de les décompoſer. Voilà pourquoi l'auteur de la Logique croit les faire connoître, lorſqu'il dit que l'une conduit de la vallée ſur la montagne, & l'autre de la montagne dans la vallée.
Mais qu'on raiſonne bien ou mal, il faut néceſ-
ſairement que l'eſprit monte & deſcende tour
à tour ; ou, pour parler plus ſimplement, il lui
eſt eſſentiel de compoſer, comme de décompoſer, parce qu'une ſuite de raiſonnemens n'eſt &

---

[a] *La Logique, ou l'Art de penſer, part.* 4 *, chap.* 2.

ne peut être qu'une suite de compofitions & de décompofitions. Il appartient donc à la fynthefe de décompofer comme de compofer, & il appartient à l'analyfe de compofer comme de décompofer. Il feroit abfurde d'imaginer que ces deux chofes s'excluent, & qu'on pourroit raifonner en s'interdifant à fon choix toute compofition ou toute décompofition. En quoi donc different ces deux méthodes ? En ce que l'analyfe commence toujours bien, & que la fynthefe commence toujours mal. Celle-là, fans affecter l'ordre, en a naturellement, parce qu'elle eft la méthode de la nature : celle-ci, qui ne connoît pas l'ordre naturel, parce qu'elle eft la méthode des philofophes, en affecte beaucoup, pour fatiguer l'efprit fans l'éclairer. En un mot, la vraie analyfe, l'analyfe qui doit être préférée, eft celle qui, commençant par le commencement, montre dans l'analogie la formation de la langue, & dans la formation de la langue, les progrès des fciences.

CHAPITRE VII.

Combien le raifonnement eft fimple quand la langue eft fimple elle-même.

Erreur de
ceux qui pré-
férent la fyn-
thèle à l'ana-
lyfe. QUOIQUE l'analyfe foit l'unique méthode, les mathématiciens mêmes, toujours prêts à l'abandonner, paroiffent n'en faire ufage qu'autant qu'ils y font forcés. Ils donnent la préférence à la fynthefe, qu'ils croient plus fimple & plus courte, & leurs écrits en font plus embarraffés & plus longs [*a*].

Nous venons de voir que cette fynthefe eft précifément le contraire de l'analyfe. Elle nous met hors du chemin des découvertes ; & cependant le grand nombre des mathématiciens s'imaginent que cette méthode eft la plus propre à l'inftruction. Ils le croient fi bien, qu'ils ne veu-

---

[*a*] Ce reproche, fondé en général, n'eft pas fans exception. MM. Euler & La Grange, par exemple, portés par leur génie à la plus grande clarté & à la plus grande élégance, ont préféré l'analyfe, qu'ils ont perfectionnée. Dans leurs écrits pleins d'invention, cette méthode prend un nouvel effor ; & ils font grands mathématiciens, parce qu'ils font grands analyftes. Ils écrivent fupérieurement l'algebre, de toutes les langues celle où les bons écrivains font plus rares, parce qu'elle eft la mieux faite.

lent pas qu'on en fuive d'autre dans leurs livres élémentaires.

Clairaut a penfé autrement. Je ne fçais pas fi MM. Euler & La Grange ont dit ce qu'ils penfent à ce fujet : mais ils ont fait comme s'ils l'avoient dit ; car dans leurs Élémens d'Algebre, ils ne fuivent que la méthode analytique [a].

Le fuffrage de ces mathématiciens peut être compté pour quelque chofe. Il faut donc que les autres foient finguliérement prévenus en faveur de la fynthefe, pour fe perfuader que l'analyfe, qui eft la méthode d'invention, n'eft pas encore la méthode de doctrine, & qu'il y ait, pour

---

[a] Les Élémens de M. Euler ne reffemblent à aucun de ceux qu'on a faits avant lui. Dans la premiere Partie, l'analyfe déterminée eft traitée avec une méthode fimple, claire, qui eft toute à l'auteur. Seulement la théorie des équations eft quelquefois trop fommaire. Sans doute M. Euler a dédaigné d'entrer dans des détails qui ont été tant rebattus par d'autres ; mais il laiffe des regrets au lecteur qui veut s'inftruire.

L'analyfe indéterminée, qui eft fi peu connue en France, & aux progrès de laquelle MM. Euler & La Grange ont tant contribué, eft l'objet de la feconde Partie, qui eft un chef-d'œuvre, & qui comprend les additions de M. de la Grange. L'excellence de cet Ouvrage vient de la méthode analytique, que ces deux grands géometres connoiffent parfaitement. Ceux qui ne la connoîtront pas, tenteront inutilement d'écrire fur les élémens des fciences.

apprendre les découvertes des autres, un moyen préférable à celui qui nous les feroit faire.

Si l'analyse est en général bannie des mathématiques toutes les fois qu'on y peut faire usage de la synthese, il semble qu'on lui ait fermé tout accès dans les autres sciences, & qu'elle ne s'y introduise qu'à l'insçu de ceux qui les traitent. Voilà pourquoi, de tant d'ouvrages des philosophes anciens ou modernes, il y en a si peu qui soient faits pour instruire. La vérité est rarement reconnoissable, quand l'analyse ne la montre pas, & qu'au contraire la synthese l'enveloppe dans un ramas de notions vagues, d'opinions, d'erreurs, & se fait un jargon qu'on prend pour la langue des arts & des sciences.

Toutes les sciences feroient exactes, si elles parloient toutes une langue fort simple.

Pour peu qu'on réfléchisse sur l'analyse, on reconnoîtra qu'elle doit répandre plus de lumiere à proportion qu'elle est plus simple & plus précise ; & si l'on se rappelle que l'art de raisonner se réduit à une langue bien faite, on jugera que la plus grande simplicité & la plus grande précision de l'analyse ne peuvent être que l'effet de la plus grande simplicité & de la plus grande précision du langage. Il faut donc nous faire une idée de cette simplicité & de cette précision, afin d'en approcher dans toutes nos études autant qu'il sera possible.

On nomme *sciences exactes* celles où l'on dé-

montre rigoureufement. Pourquoi donc toutes les
fciences ne font-elles pas exactes ? Et s'il en eft où
l'on ne démontre pas rigoureufement, comment
y démontre-t-on ? Sçait-on bien ce qu'on veut
dire, quand on fuppofe des démonftrations qui,
à la rigueur, ne font pas des démonftrations ?

Une démonftration n'eft pas une démonftration, ou elle en eft une rigoureufement.
Mais il faut convenir que fi elle ne parle pas la
langue qu'elle doit parler, elle ne paroîtra pas
ce qu'elle eft. Ainfi ce n'eft pas la faute des
fciences, fi elles ne démontrent pas rigoureufement ; c'eft la faute des fçavans qui parlent mal.

La langue des mathématiques, l'algebre, eft
la plus fimple de toutes les langues. N'y aura-t-il
donc des démonftrations qu'en mathématiques ?
Et parce que les autres fciences ne peuvent pas
atteindre à la même fimplicité, feront-elles con-
damnées à ne pouvoir pas être affez fimples pour
convaincre qu'elles démontrent ce qu'elles démontrent ?

C'eft l'analyfe qui démontre dans toutes ; &
elle y démontre rigoureufement toutes les fois
qu'elle parle la langue qu'elle doit parler. Je fçais
bien qu'on diftingue différentes efpeces d'analyfe ;
*analyfe logique , analyfe métaphyfique , analyfe
mathématique :* mais il n'y en a qu'une ; & elle
eft la même dans toutes les fciences, parce que

dans toutes elle conduit du connu à l'inconnu par le raisonnement, c'est-à-dire, par une suite de jugemens qui sont renfermés les uns dans les autres. Nous nous ferons une idée du langage qu'elle doit tenir, si nous essayons de résoudre un des problêmes qu'on ne résout d'ordinaire qu'avec le secours de l'algebre. Nous choisirons un des plus faciles, parce qu'il sera plus à notre portée : d'ailleurs il suffira pour développer tout l'artifice du raisonnement.

Problême qui le prouve.

Ayant des jetons dans mes deux mains, si j'en fais passer un de la main droite dans la gauche, j'en aurai autant dans l'une que dans l'autre ; & si j'en fais passer un de la gauche dans la droite, j'en aurai le double dans celle-ci. Je vous demande quel est le nombre de jetons que j'ai dans chacune.

Il ne s'agit pas de deviner ce nombre en faisant des suppositions : il le faut trouver en raisonnant, en allant du connu à l'inconnu par une suite de jugemens.

Il y a ici deux conditions données ; ou, pour parler comme les mathématiciens, il y a deux données : l'une, que si je fais passer un jeton de la main droite dans la gauche, j'en aurai le même nombre dans chacune ; l'autre, que si je fais passer un jeton de la gauche dans la droite, j'en aurai le double dans celle-ci. Or vous voyez que s'il est possible de trouver le nombre que je vous

donne à chercher, ce ne peut être qu'en obfervant les rapports où ces deux données font l'une
à l'autre ; & vous concevez que ces rapports feront plus ou moins fenfibles, fuivant que les
données feront exprimées d'une maniere plus ou
moins fimple.

Si vous difiez : *Le nombre que vous avez dans
la main droite, lorfqu'on en retranche un jeton,
eft égal à celui que vous avez dans la main gauche,
lorfqu'à celui-ci on en ajoute un ;* vous exprime-
riez la premiere donnée avec beaucoup de mots.
Dites donc plus briévement : *Le nombre de votre
main droite diminué d'une unité, eft égal à celui
de votre gauche augmenté d'une unité ;* ou, *Le nombre de votre droite moins une unité, eft égal à
celui de votre gauche plus une unité ;* ou enfin plus
briévement encore, *La droite moins un, égale à
la gauche plus un.*

C'eft ainfi que, de traduction en traduction,
nous arrivons à l'expreffion la plus fimple de la
premiere donnée. Or, plus vous abrégerez votre
difcours, plus vos idées fe rapprocheront ; &
plus elles feront rapprochées, plus il vous fera
facile de les faifir fous tous leurs rapports. Il
nous refte donc à traiter la feconde donnée
comme la premiere ; il la faut traduire dans l'expreffion la plus fimple.

Par la feconde condition du problême, fi je

fais paffer un jeton de la gauche dans la droite, j'en aurai le double dans celle-ci. Donc le nombre de ma main gauche diminué d'une unité, eft la moitié de celui de ma main droite augmenté d'une unité ; & par conféquent vous exprimerez la feconde donnée en difant : *Le nombre de votre main droite augmenté d'une unité, eft égal à deux fois celui de votre gauche diminué d'une unité.*

Vous traduirez cette expreffion en une autre plus fimple, fi vous dites : *La droite augmentée d'une unité, eft égale à deux gauches diminuées chacune d'une unité* ; & vous arriverez à cette expreffion, la plus fimple de toutes, *La droite plus un, égale à deux gauches moins deux.* Voici donc les expreffions dans lefquelles nous avons traduit les données :

La droite moins un égale à la gauche
plus un ;

La droite plus un égale à deux gauches
moins deux.

Ces fortes d'expreffions fe nomment en mathématiques *équations.* Elles font compofées de deux membres égaux : *La droite moins un* eft le premier membre de la premiere équation ; *La gauche plus un* eft le fecond.

Les quantités inconnues font mêlées, dans chacun de ces membres, avec les quantités connues. Les connues font *moins un, plus un, moins deux* :

les

les inconnues font *la droite* & *la gauche*, par
où vous exprimez les deux nombres que vous
cherchez.

Tant que les connues & les inconnues font
ainfi mêlées dans chaque membre des équations,
il n'eft pas poffible de réfoudre un problême.
Mais il ne faut pas un grand effort de réflexion
pour remarquer que s'il y a un moyen de tranf-
porter les quantités d'un membre dans l'autre
fans altérer l'égalité qui eft entre eux, nous pouvons, en ne laiffant dans un membre qu'une des
deux inconnues, la dégager des connues avec
lefquelles elle eft mêlée.

Ce moyen s'offre de lui-même : car fi la droite
moins un eft égale à la gauche plus un, donc
la droite entiere fera égale à la gauche plus deux ;
& fi la droite plus un eft égale à deux gauches
moins deux, donc la droite feule fera égale à
deux gauches moins trois. Vous fubftituerez donc
aux deux premieres équations les deux fuivantes :

La droite égale à la gauche plus deux.

La droite égale à deux gauches moins trois.

Le premier membre de ces deux équations eft
la même quantité, *la droite* ; & vous voyez que
vous connoîtrez cette quantité, lorfque vous
connoîtrez la valeur du fecond membre de l'une
ou l'autre équation. Mais le fecond membre de

I

la premiere eft égal au fecond membre de la feconde, puifqu'ils font égaux l'un & l'autre à la même quantité exprimée par *la droite*. Vous pouvez par conféquent faire cette troifieme équation :

La gauche plus deux, égale à deux gauches
moins trois.

Alors il ne vous refte qu'une inconnue, *la gauche* ; & vous en connoîtrez la valeur lorfque vous l'aurez dégagée, c'eft-à-dire, lorfque vous aurez fait paffer toutes les connues du même côté. Vous direz donc :

Deux plus trois, égal à deux gauches
moins une gauche.
Deux plus trois, égal à une gauche.
Cinq égal à une gauche.

Le problême eft réfolu. Vous avez découvert que le nombre de jetons que j'ai dans la main gauche, eft cinq. Dans les équations, *La droite égale à la gauche plus deux*, *La droite égale à deux gauches moins trois*, vous trouverez que fept eft le nombre que j'ai dans la main droite. Or ces deux nombres, cinq & fept, fatisfont aux conditions du problême.

Vous voyez fenfiblement dans cet exemple comment la fimplicité des expreffions facilite le raifonnement ; & vous comprenez que fi l'analyfe a befoin d'un pareil langage, lorfqu'un problême

Solution de ce problême avec des fignes algébriques.

est aussi facile que celui que nous venons de résoudre, elle en a plus besoin encore lorsque les problêmes se compliquent. Aussi l'avantage de l'analyse en mathématiques vient-il uniquement de ce qu'elle y parle la langue la plus simple. Une légere idée de l'algebre suffira pour le faire comprendre.

Dans cette langue on n'a pas besoin de mots. On exprime plus par $+$, moins par $-$, égal par $=$, & on désigne les quantités par des lettres & par des chiffres. x, par exemple, sera le nombre de jetons que j'ai dans la main droite, & y celui que j'ai dans la main gauche. Ainsi $x - 1 = y + 1$, signifie que le nombre de jetons que j'ai dans la main droite, diminué d'une unité, est égal à celui que j'ai dans la main gauche augmenté d'une unité; & $x + 1 = 2y - 2$, signifie que le nombre de ma main droite augmenté d'une unité, est égal à deux fois celui de ma main gauche diminué d'une unité. Les deux données de notre problême sont donc renfermées dans ces deux équations :

$$x - 1 = y + 1,$$
$$x + 1 = 2y - 2,$$

qui deviennent, en dégageant l'inconnue du premier membre,

$$x = y + 2,$$
$$x = 2y - 3.$$

Des deux derniers membres de ces deux équations nous faisons

$$y + 2 = 2y - 3,$$

qui deviennent fucceffivement

$$2 = 2y - y - 3,$$
$$2 + 3 = 2y - y,$$
$$2 + 3 = y,$$
$$5 = y.$$

Enfin de $x = y + 2$, nous tirons $x = 5 + 2 = 7$;
& de $x = 2y - 3$, nous tirons également
$x = 10 - 3 = 7$.

L'évidence
d'un raifon-
nement con-
fifte unique-
ment dans l'i-
dentité qui fe
montre d'un
jugement à
l'autre,

Ce langage algébrique fait appercevoir d'une
maniere fenfible comment les jugemens font
liés les uns aux autres dans un raifonnement.
On voit que le dernier n'eft renfermé dans
le pénultieme, le pénultieme dans celui qui le
précede, & ainfi de fuite en remontant, que
parce que le dernier eft identique avec le pénultieme, le pénultieme avec celui qui le précede, &c. & l'on reconnoît que cette identité fait
toute l'évidence du raifonnement.

Lorfqu'un raifonnement fe développe avec
des mots, l'évidence confifte également dans
l'identité qui eft fenfible d'un jugement à l'autre.
En effet, la fuite des jugemens eft la même, &
il n'y a que l'expreffion qui change. Il faut feulement remarquer que l'identité s'apperçoit plus
facilement lorfqu'on s'énonce avec des fignes algébriques.

Mais que l'identité s'apperçoive plus ou moins facilement, il suffit qu'elle se montre, pour être assuré qu'un raisonnement est une démonstration rigoureuse; & il ne faut pas s'imaginer que les sciences ne sont exactes, & qu'on n'y démontre à la rigueur, que lorsqu'on y parle avec des *x*, des *a* & des *b*. Si quelques-unes ne paroissent pas susceptibles de démonstration, c'est qu'on est dans l'usage de les parler avant d'en avoir fait la langue, & sans se douter même qu'il soit nécessaire de la faire : car toutes auroient la même exactitude, si on les parloit toutes avec des langues bien faites. C'est ainsi que nous avons traité la métaphysique, dans la premiere Partie de cet Ouvrage. Nous n'avons, par exemple, expliqué la génération des facultés de l'ame que parce que nous avons vu qu'elles sont toutes identiques avec la faculté de sentir; & nos raisonnemens faits avec des mots, sont aussi rigoureusement démontrés que pourroient l'être des raisonnemens faits avec des lettres.

S'il y a donc des sciences peu exactes, ce n'est pas parce qu'on n'y parle pas algebre, c'est parce que les langues en sont mal faites, qu'on ne s'en apperçoit pas, ou que, si l'on s'en doute, on les refait plus mal encore. Faut-il s'étonner qu'on ne sçache pas raisonner, quand la langue des sciences n'est qu'un jargon composé de beau-

Les sciences peu exactes sont celles dont les langues sont mal faites.

coup trop de mots, dont les uns font des mots vulgaires qui n'ont pas de sens déterminé, & les autres des mots étrangers ou barbares qu'on entend mal ? Toutes les sciences seroient exactes, si nous sçavions parler la langue de chacune.

Tout confirme donc ce que nous avons déja prouvé, que les langues font autant de méthodes analytiques ; que le raisonnement ne se perfectionne qu'autant qu'elles se perfectionnent elles-mêmes ; & que l'art de raisonner, réduit à sa plus grande simplicité, ne peut être qu'une langue bien faite.

L'algebre n'est proprement qu'une langue.

Je ne dirai pas avec des mathématiciens, que l'algebre est une espece de langue : je dis qu'elle est une langue, & qu'elle ne peut pas être autre chose. Vous voyez dans le problême que nous venons de résoudre, qu'elle est une langue, dans laquelle nous avons traduit le raisonnement que nous avions fait avec des mots. Or, si les lettres & les mots expriment le même raisonnement, il est évident que, puisqu'avec les mots on ne fait que parler une langue, on ne fait aussi que parler une langue avec les lettres.

On feroit la même observation sur les problêmes les plus compliqués : car toutes les solutions algébriques offrent le même langage ; c'est-à-dire, des raisonnemens, ou des jugemens successivement identiques, exprimés avec des lettres.

Mais parce que l'algebre eſt la plus méthodique des langues, & qu'elle développe des raiſonne-mens qu'on ne pourroit traduire dans aucune autre, on s'eſt imaginé qu'elle n'eſt pas une lan-gue à proprement parler ; qu'elle n'en eſt une qu'à certains égards, & qu'elle doit être quelque autre choſe encore.

L'algebre eſt en effet une méthode analytique : mais elle n'en eſt pas moins une langue, ſi toutes les langues ſont elles-mêmes des méthodes ana-lytiques. Or c'eſt, encore un coup, ce qu'elles ſont en effet. Mais l'algebre eſt une preuve bien frap-pante que les progrès des ſciences dépendent uni-quement des progrès des langues ; & que des langues bien faites pourroient ſeules donner à l'analyſe le degré de ſimplicité & de préciſion dont elle eſt ſuſceptible, ſuivant le genre de nos études.

Elles le pourroient, dis-je : car, dans l'art de raiſonner, comme dans l'art de calculer, tout ſe réduit à des compoſitions & à des décompo-ſitions ; & il ne faut pas croire que ce ſoit là deux arts différens.

CHAPITRE VIII.

En quoi consiste tout l'artifice du raisonnement.

Il y a deux chofes dans une queftion à réfoudre ; l'énoncé des données, ou l'état de la queftion ; & le dégage-ment des in-connues, ou le raifonne-ment.

LA méthode que nous avons fuivie dans le Chapitre précédent, a pour regle qu'on ne peut découvrir une vérité qu'on ne connoît pas, qu'au-tant qu'elle fe trouve dans des vérités qui font connues ; & que par conféquent toute queftion à réfoudre fuppofe des données, où les connues & les inconnues font mêlées, comme elles le font en effet dans les données du problême que nous avons réfolu.

Si les données ne renferment pas toutes les connues néceffaires pour découvrir la vérité, le problême eft infoluble. Cette confidération eft la premiere qu'il faudroit faire, & on ne la fait prefque jamais. On raifonne donc mal, parce qu'on ne fçait pas qu'on n'a pas affez de connues pour bien raifonner.

Cependant fi l'on remarquoit que lorfqu'on a toutes les connues, on eft conduit, par un lan-gage clair & précis, à la folution qu'on cherche, on fe douteroit qu'on ne les a pas toutes, lorf-qu'on tient un langage obfcur & confus qui ne conduit à rien. On chercheroit à mieux parler, afin de mieux raifonner, & l'on apprendroit combien ces deux chofes dépendent l'une de l'autre.

Rien n'eft plus fimple que le raifonnement, lorfque les données renferment toutes les connues néceffaires à la découverte de la vérité : nous venons de le voir. Il ne faudroit pas dire que la queftion que nous nous fommes propofée, étoit facile à réfoudre : car la maniere de raifonner eft une ; elle ne change point, elle ne peut changer, & l'objet du raifonnement change feul à chaque nouvelle queftion qu'on fe propofe. Dans les plus difficiles, il faut, comme dans les plus faciles, aller du connu à l'inconnu. Il faut donc que les données renferment toutes les connues néceffaires à la folution ; & quand elles les renferment, il ne refte plus qu'à énoncer ces données d'une maniere affez fimple pour dégager les inconnues avec la plus grande facilité poffible.

Il y a donc deux chofes dans une queftion ; l'énoncé des données, & le dégagement des inconnues.

L'énoncé des données eft proprement ce qu'on entend par l'état de la queftion, & le dégagement des inconnues eft le raifonnement qui la réfout.

Lorfque je vous ai propofé de découvrir le nombre de jetons que j'avois dans chaque main, j'ai énoncé toutes les données dont vous aviez befoin ; & il femble par conféquent que j'aie établi moi-

Ce qu'on doit entendre par l'état de la queftion.

même l'état de la queſtion. Mais mon langage ne préparoit pas la ſolution du problême. C'eſt pourquoi, au lieu de vous en tenir à répéter mon énoncé mot pour mot, vous l'avez fait paſſer par différentes traductions, juſqu'à ce que vous ſoyez arrivé à l'expreſſion la plus ſimple. Alors le raiſonnement s'eſt fait en quelque ſorte tout ſeul, parce que les inconnues ſe ſont dégagées comme d'elles-mêmes. Etablir l'état d'une queſtion, c'eſt donc proprement traduire les données dans l'expreſſion la plus ſimple, parce que c'eſt l'expreſſion la plus ſimple qui facilite le raiſonnement, en facilitant le dégagement des inconnues.

Mais, dira-t-on, c'eſt ainſi qu'on raiſonne en mathématiques, où le raiſonnement ſe fait avec des équations. En ſera-t-il de même dans les autres ſciences, où le raiſonnement ſe fait avec des propoſitions ? Je réponds qu'*équations, propoſitions, jugemens*, ſont au fond la même choſe, & que par conſéquent on raiſonne de la même maniere dans toutes les ſciences.

L'artifice du raiſonnement eſt le même dans toutes les ſciences : exemple qui le prouve.

En mathématiques, celui qui propoſe une queſtion, la propoſe d'ordinaire avec toutes ſes données; & il ne s'agit, pour la réſoudre, que de la traduire en algebre. Dans les autres ſciences, au contraire, il ſemble qu'une queſtion ne ſe propoſe jamais avec toutes ſes données. On

vous demandera, par exemple, quelle eſt l'origine & la génération des facultés de l'entendement humain, & on vous laiſſera les données
à chercher, parce que celui qui fait la queſtion,
ne les connoît pas lui-même.

Mais quoique nous ayons à chercher les données, il n'en faudroit pas conclure qu'elles ne
ſont pas renfermées au moins implicitement dans
la queſtion qu'on propoſe. Si elles n'y étoient
pas, nous ne les trouverions pas ; & cependant
elles doivent ſe trouver dans toute queſtion qu'on
peut réſoudre. Il faut ſeulement remarquer qu'elles n'y ſont pas toujours d'une maniere à être
facilement reconnues. Par conſéquent les trouver,
c'eſt les démêler dans une expreſſion où elles ne
ſont qu'implicitement ; & pour réſoudre la queſtion, il faut traduire cette expreſſion dans une
autre où toutes les données ſe montrent d'une
maniere explicite & diſtincte.

Or, demander quelle eſt l'origine & la génération des facultés de l'entendement humain, c'eſt
demander quelle eſt l'origine & la génération des
facultés par leſquelles l'homme capable de ſenſations conçoit les choſes en s'en formant des
idées ; & on voit auſſi-tôt que l'attention, la
comparaiſon, le jugement, la réflexion, l'imagination & le raiſonnement ſont, avec les ſenſations, les connues du problême à réſoudre,

& que l'origine & la génération font les inconnues. Voilà les données, dans lesquelles les connues font mêlées avec les inconnues.

Mais comment dégager l'origine & la génération, qui font ici les inconnues ? Rien n'eft plus fimple. Par l'origine, nous entendons la connue qui eft le principe ou le commencement de toutes les autres ; & par la génération, nous entendons la maniere dont toutes les connues viennent d'une premiere. Cette premiere, qui m'eft connue comme faculté, ne m'eft pas connue encore comme premiere. Elle eft donc proprement l'inconnue qui eft mêlée avec toutes les connues, & qu'il s'agit de dégager. Or la plus légere obfervation me fait remarquer que la faculté de fentir eft mêlée avec toutes les autres. La fenfation eft donc l'inconnue que nous avons à dégager, pour découvrir comment elle devient fucceffivement attention, comparaifon, jugement, &c. C'eft ce que nous avons fait, & nous avons vu que, comme les équations $x - 1 = y + 1$, & $x + 1 = 2y - 2$, paffent par différentes transformations pour devenir $y = 5$, & $x = 7$; la fenfation paffe également par différentes transformations pour devenir l'entendement.

L'artifice du raifonnement eft donc le même dans toutes les fciences. Comme, en mathématiques, on établit la queſtion en la traduiſant en algebre; dans les autres ſciences, on l'établit en la traduiſant dans l'expreſſion la plus ſimple; & quand la queſtion eſt établie, le raiſonnement qui la réſout n'eſt encore lui-même qu'une ſuite de traductions, où une propoſition qui traduit celle qui la précede, eſt traduite par celle qui la ſuit. C'eſt ainſi que l'évidence paſſe avec l'identité depuis l'énoncé de la queſtion juſqu'à la concluſion du raiſonnement.

CHAPITRE IX.

Des différens degrés de certitude; ou de l'évidence, des conjectures & de l'analogie.

J E ne ferai qu'indiquer les différens degrés de certitude, & je renvois à l'Art de raiſonner, qui eſt proprement le développement de tout ce Chapitre.

L'évidence dont nous venons de parler, & que je nomme *évidence de raiſon*, conſiſte uniquement dans l'identité : c'eſt ce que nous avons démontré. Il faut que cette vérité ſoit bien ſimple, pour avoir échappé à tous les philoſophes, quoiqu'ils euſſent tant d'intérêt à s'aſſurer de l'évidence, dont ils avoient continuellement le mot dans la bouche.

Au défaut de l'évidence de raiſon, nous avons l'évidence de fait & l'évidence de ſentiment.

Je fçais qu'un triangle eſt évidemment une ſurface terminée par trois lignes, parce que, pour quiconque entend la valeur des termes, *ſurface terminée par trois lignes*, eſt la même choſe que *triangle*. Or, dès que je fçais évidemment ce que c'eſt qu'un triangle, j'en connois l'eſſence ; & je puis dans cette eſſence découvrir toutes les propriétés de cette figure.

Je verrois également toutes les propriétés de l'or dans ſon eſſence, ſi je la connoiſſois. Sa peſanteur, ſa duĉtilité, ſa malléabilité, &c. ne ſeroient que ſon eſſence même qui ſe transformeroit, & qui, dans ſes transformations, m'offriroit différens phénomenes ; & j'en pourrois découvrir toutes les propriétés par un raiſonnement qui ne ſeroit qu'une ſuite de propoſitions identiques. Mais ce n'eſt pas ainſi que je le connois. A la vérité chaque propoſition que je fais ſur ce métal, ſi elle eſt vraie, eſt identique. Telle eſt celle-ci, *L'or eſt malléable :* car elle ſignifie, *Un corps que j'ai obſervé être malléable, & que je nomme* or, *eſt malléable :* propoſition où la même idée eſt affirmée d'elle-même.

Lorſque je fais ſur un corps pluſieurs propoſitions également vraies, j'affirme donc dans chacune le même du même : mais je n'apperçois point d'identité d'une propoſition à l'autre. Quoique la peſanteur, la duĉtilité, la malléabilité ne

foient vraifemblablement qu'une même chofe qui
fe transforme différemment, je ne le vois pas.
Je ne fçaurois donc arriver à la connoiffance de
ces phénomenes par l'évidence de raifon : je ne
les connois qu'après les avoir obfervés, &
j'appelle *évidence de fait* la certitude que j'en ai.

Je pourrois également appeller évidence de
fait la connoiffance certaine des phénomenes que
j'obferve en moi : mais je la nomme *évidence de
fentiment*, parce que c'eft par le fentiment que
ces fortes de faits me font connus.

Puifque les qualités abfolues des corps font
hors de la portée de nos fens, & que nous n'en
pouvons connoître que des qualités relatives, il
s'enfuit que tout fait que nous découvrons, n'eft
autre chofe qu'un rapport connu. Cependant dire
que les corps ont des qualités relatives, c'eft
dire qu'ils font quelque chofe les uns par rapport
aux autres ; & dire qu'ils font quelque chofe les
uns par rapport aux autres, c'eft dire qu'ils font
chacun quelque chofe, indépendamment de tout
rapport, quelque chofe d'abfolu. L'évidence de
raifon nous apprend donc qu'il y a des qualités
abfolues, & par conféquent des corps ; mais elle
ne nous apprend que leur exiftence.

L'évidence de raifon démontre l'exiftence des corps.

Par *phénomenes*, on entend proprement les
faits qui font une fuite des loix de la nature ; &
ces loix font elles-mêmes autant de faits. L'objet

Ce qu'on entend par phénomenes, obfervations, expériences.

de la phyſique eſt de connoître ces phénomenes, ces loix, & d'en ſaiſir, s'il eſt poſſible,
le ſyſtême.

A cet effet, on donne une attention particuliere aux phénomenes; on les conſidere dans tous
leurs rapports, on ne laiſſe échapper aucune cir-
conſtance; & lorſqu'on s'en eſt aſſuré par des
obſervations bien faites, on leur donne encore
le nom d'*obſervations*.

Mais, pour les découvrir, il ne ſuffit pas toujours d'obſerver; il faut encore, par différens
moyens, les dégager de tout ce qui les cache,
les rapprocher de nous, & les mettre à la portée
de notre vue : c'eſt ce qu'on nomme des expériences. Telle eſt la différence qu'il faut mettre
entre *phénomenes*, *obſervations*, *expériences*.

Uſage des
conjectures.

Il eſt rare qu'on arrive tout - à - coup à l'évidence : dans toutes les ſciences & dans tous les
arts, on a commencé par une eſpece de tâton-
nement.

D'après des vérités connues, on en ſoupçonne
dont on ne s'aſſure pas encore. Ces ſoupçons ſont
fondés ſur des circonſtances qui indiquent moins
le vrai que le vraiſemblable : mais ils nous mettent ſouvent dans le chemin des découvertes,
parce qu'ils nous apprennent ce que nous avons
à obſerver. C'eſt là ce qu'on entend par *con-
jecturer*.

Les

Les conjectures font dans le plus foible degré, lorfqu'on n'affure une chofe que parce qu'on ne voit pas pourquoi elle ne feroit pas. Si l'on peut s'en permettre de cette efpece, ce ne doit être que comme des fuppofitions qui ont befoin d'être confirmées. Il refte donc à faire des obfervations ou des expériences.

Nous paroiffons fondés à croire que la nature agit par les voies les plus fimples. En conféquence les philofophes font portés à juger que, de plufieurs moyens dont une chofe peut être produite, la nature doit avoir choifi ceux qu'ils imaginent les plus fimples. Il eft évident qu'une pareille conjecture n'aura de la force qu'autant que nous ferons capables de connoître tous les moyens, & de juger de leur fimplicité ; ce qui ne peut être que fort rare [a].

Les conjectures font entre l'évidence & l'analogie, qui n'eft fouvent elle-même qu'une foible conjecture. Il faut donc diftinguer dans l'analogie différens degrés, fuivant qu'elle eft fondée fur des rapports de reffemblance, fur des rapports à la fin, ou fur des rapports des caufes aux effets, & des effets aux caufes.

L'analogie a différens degrés de certitude.

La terre eft habitée : donc les planetes le font.

***

[a] Quant à l'ufage des conjectures dans l'étude de l'Hiftoire, voyez *Cours d'Etude, Hift. anc. l.* 1, *ch.* 3... 8.

K

Voilà la plus foible des analogies, parce qu'elle n'eſt fondée que ſur un rapport de reſſemblance.

Mais ſi on remarque que les planetes ont des révolutions diurnes & annuelles, & que par con-ſéquent leurs parties ſont ſucceſſivement éclai-rées & échauffées, ces précautions ne paroiſſent-elles pas avoir été priſes pour la conſervation de quelques habitans? Cette analogie, qui eſt fondée ſur le rapport des moyens à la fin, a donc plus de force que la premiere. Cependant ſi elle prouve que la terre n'eſt pas ſeule habitée, elle ne prouve pas que toutes les planetes le ſoient : car ce que l'Auteur de la nature répete dans pluſieurs parties de l'univers pour une même fin, il ſe peut qu'il ne le permette quelquefois que comme une ſuite du ſyſtême général : il ſe peut encore qu'une révolution faſſe un déſert d'une planete habitée.

L'analogie qui eſt fondée ſur le rapport des effets à la cauſe, ou de la cauſe aux effets, eſt celle qui a le plus de force : elle devient même une démonſtration, lorſqu'elle eſt confirmée par le concours de toutes les circonſtances.

C'eſt une évidence de fait qu'il y a ſur la terre des révolutions diurnes & annuelles ; & c'eſt une évidence de raiſon que ces révolutions peu-vent être produites par le mouvement de la terre, par celui du ſoleil, ou par tous les deux.

Mais nous obfervons que les planetes décri-
vent des orbites autour du foleil, & nous nous
affurons également par l'évidence de fait, que
quelques-unes ont un mouvement de rotation fur
leur axe plus ou moins incliné. Or il eft d'évidence de raifon que cette double révolution doit
néceffairement produire des jours, des faifons
& des années : donc la terre a une double révolution, puifqu'elle a des jours, des faifons, des
années.

Cette analogie fuppofe que les mêmes effets
ont les mêmes caufes ; fuppofition qui, étant
confirmée par de nouvelles analogies, & par de
nouvelles obfervations, ne pourra plus être ré-
voquée en doute. C'eft ainfi que les bons philofophes fe font conduits. Si l'on veut apprendre
à raifonner comme eux, le meilleur moyen eft
d'étudier les découvertes qui ont été faites depuis
Galilée jufqu'à Newton. (*Cours d'Etude* , *Art
de raifonner. Hiftoire moderne* , *liv. dernier* , *ch. 5
& fuivans.*)

C'eft encore ainfi que nous avons effayé de
raifonner dans cet Ouvrage. Nous avons obfervé
la nature, & nous avons appris d'elle l'analyfe.
Avec cette méthode nous nous fommes étudiés
nous-mêmes ; & ayant découvert, par une fuite
de propofitions identiques, que nos idées & nos
facultés ne font que la fenfation qui prend diffé-

rentes formes, nous nous fommes affurés de l'origine & de la génération des unes & des autres.

Nous avons remarqué que le développement de nos idées & de nos facultés ne fe fait que par le moyen des figres, & ne fe feroit point fans eux; que par conféquent notre maniere de raifonner ne peut fe corriger qu'en corrigeant le langage, & que tout l'art fe réduit à bien faire la langue de chaque fcience.

Enfin nous avons prouvé que les premieres langues, à leur origine, ont été bien faites, parce que la métaphyfique qui préfidoit à leur formation, n'étoit pas une fcience comme aujourd'hui, mais un inftinct donné par la nature.

C'eft donc de la nature que nous devons apprendre la vraie logique. Voilà quel a été mon objet, & cet Ouvrage en eft devenu plus neuf, plus fimple & plus court. La nature ne manquera jamais d'inftruire quiconque fçaura l'étudier : elle inftruit d'autant mieux, qu'elle parle toujours le langage le plus précis. Nous ferions bien habiles, fi nous fçavions parler avec la même précifion : mais nous verbiageons trop pour raifonner toujours bien.

Je crois devoir ajouter ici quelques avis aux jeunes perfonnes qui voudront étudier cette Logique.

Puisque tout l'art de raisonner se réduit à bien faire la langue de chaque science, il est évident que l'étude d'une science bien traitée se réduit à l'étude d'une langue bien faite.

Mais apprendre une langue, c'est se la rendre familiere ; ce qui ne peut être que l'effet d'un long usage. Il faut donc lire avec réflexion, à plusieurs reprises, parler sur ce qu'on a lu, & relire encore, pour s'assurer d'avoir bien parlé.

On entendra facilement les premiers Chapitres de cette Logique : mais si, parce qu'on les entend, on croit pouvoir aller tout-à-coup à d'autres, on ira trop vîte. On ne doit passer à un nouveau Chapitre, qu'après s'être approprié & les idées & le langage de ceux qui le précedent. Si l'on tient une autre conduite, on n'entendra plus avec la même facilité, & quelquefois on n'entendra point du tout.

Un plus grand inconvénient, c'est qu'on entendra mal, parce qu'on fera de son langage , dont on conservera quelque chose, & du mien, qu'on croira prendre, un jargon inintelligible. Voilà sur-tout ce qui arrivera à ceux qui se croient instruits, ou parce qu'ils ont fait une étude de ce qu'on nomme souvent bien mal-à-propos philosophie, ou parce qu'ils l'ont enseigné. De quelque maniere qu'ils me lisent, il leur sera bien difficile d'oublier ce qu'ils ont appris, pour n'ap-

prendre que ce que j'enseigne. Ils dédaigneront
de recommencer avec moi : ils feront peu de cas
de mon Ouvrage, s'ils s'apperçoivent qu'ils ne
l'entendent pas ; & s'ils s'imaginent l'entendre,
il en feront peu de cas encore, parce qu'ils l'entendront à leur maniere, & qu'ils croiront n'a-
voir rien appris. Il est fort commun parmi ceux
qui se jugent sçavans, de ne voir dans les meilleurs livres que ce qu'ils sçavent, & par conséquent de les lire sans rien apprendre : ils ne
voient rien de neuf dans un ouvrage où tout est
neuf pour eux.

Aussi n'écris-je que pour les ignorans. Comme
ils ne parlent les langues d'aucune science, il
leur sera plus facile d'apprendre la mienne : elle
est plus à leur portée qu'aucune autre, parce que
je l'ai apprise de la nature, qui leur parlera
comme à moi.

Mais s'ils trouvent des endroits qui les arrê-
tent, qu'ils se gardent bien d'interroger des sçavans tels que ceux dont je viens de parler : ils
feront mieux d'interroger d'autres ignorans qui
m'auront lu avec intelligence.

Qu'ils se disent : *Dans cet Ouvrage, on ne*
va que du connu à l'inconnu : donc la difficulté
d'entendre un Chapitre vient uniquement de ce que
les Chapitres précédens ne me sont pas assez fami-
liers. Alors ils jugeront qu'ils doivent revenir

fur leurs pas ; & s'ils ont la patience de le faire , ils m'entendront fans avoir befoin de confulter perfonne. On n.'entend jamais mieux que lorfqu'on entend fans fecours étrangers.

Cette Logique eft courte, & par conféquent elle n'eft pas effrayante. Pour la lire avec la réflexion qu'elle demande , il n'y faudra mettre que le temps qu'on perdroit à lire une autre Logique.

Quand une fois on la fçaura ; & par la fçavoir, j'entends qu'on foit en état de la parler facilement, & de pouvoir au befoin la refaire : quand on la fçaura , dis-je , on pourra lire avec moins de lenteur les livres où les fciences font bien traitées , & quelquefois on s'inftruira par des lectures rapides. Car , pour aller rapidement de connoiffance en connoiffance, il fuffit de s'être approprié la méthode qui eft l'unique bonne , & qui par conféquent eft la même dans toutes les fciences.

La facilité que donnera cette Logique, on l'acquerra également en étudiant les leçons préliminaires de mon Cours d'Etude , fi l'on y joint la premiere partie de la Grammaire. Ces études ayant été bien faites, on entendra facilement tous mes autres Ouvrages.

Mais je veux encore prévenir les jeunes gens contre un préjugé qui doit être naturel à ceux qui commencent. Parce qu'une méthode pour raifonner doit nous apprendre à raifonner, nous fommes portés à croire qu'à chaque raifonnement, la premiere chofe devroit être de penfer aux regles d'après lefquelles il doit fe faire, & nous nous trompons. Ce n'eft pas à nous à penfer aux regles, c'eft à elles à nous conduire fans que nous y penfions. On ne parleroit pas, fi, avant de commencer chaque phrafe, il falloit s'occuper de la grammaire. Or l'art de raifonner, comme toutes les langues, ne fe parle bien qu'autant qu'il fe parle naturellement. Méditez la méthode, & méditez-la beaucoup ; mais n'y penfez plus, quand vous voudrez penfer à autre chofe. Quelque jour elle vous deviendra familiere : alors, toujours avec vous, elle obfervera vos penfées, qui iront feules, & elle veillera fur elles pour leur empêcher tout écart : c'eft tout ce que vous devez attendre de la méthode. Les garde-fous ne fe mettent pas le long des précipices pour faire marcher le voyageur, mais pour empêcher qu'il ne fe précipite.

Si, dans les commencemens, vous avez quelque peine à vous rendre familiere la méthode que j'enfeigne, ce n'eft pas qu'elle foit difficile : elle ne fçauroit l'être, puifqu'elle eft naturelle. Mais elle l'eft devenue pour vous, dont les mauvaifes habitudes ont corrompu la nature. Dé-

faites-

faites-vous donc de ces habitudes, & vous rai-
fonnerez naturellement bien.

Il femble que j'aurois dû donner ces avis avant
le commencement de cette Logique : mais on ne
les auroit pas entendus. D'ailleurs , pour ceux
qui l'auront fçu lire dès la premiere fois , ils font
auffi bien à la fin ; & ils y font bien auffi pour
les autres , qui en fentiront mieux le befoin qu'ils
en ont.

F I N.

APPROBATION.

J'AI lu, par ordre de Mgr. le Garde des Sceaux, les *Œuvres complettes de M. l'Abbé DE CONDILLAC*. Je n'y ai rien trouvé qui m'ait paru devoir en empêcher l'impreſſion. A Paris, ce 7 Décembre 1777.

DE SANCY.

PRIVILEGE DU ROI.

LOUIS, PAR LA GRACE DE DIEU, ROI DE FRANCE ET DE NAVARRE : A nos amés & féaux Conſeillers les Gens tenans nos Cours de Parlement, Maîtres des Requêtes ordinaires de notre Hôtel, Grand-Conſeil, Prévôt de Paris, Baillis, Sénéchaux, leurs Lieutenans Civils, & autres nos Juſticiers qu'il appartiendra, SALUT. Notre amé le Sieur Abbé DE CONDILLAC Nous a fait expoſer qu'il deſireroit faire imprimer & donner au Public ſes *Œuvres complettes*, s'il Nous plaiſoit lui accorder nos Lettres de Privilege pour ce néceſſaires. A CES CAUSES, voulant favorablement traiter l'Expoſant, Nous lui avons permis & permettons de faire imprimer ledit Ouvrage autant de fois que bon lui ſemblera, & de le vendre, faire vendre par tout notre Royaume. Voulons qu'il jouiſſe de l'effet du préſent Privilege, pour lui & ſes hoirs à perpétuité, pourvu qu'il ne le rétrocede à perſonne : & ſi cependant il jugeoit à propos d'en faire une ceſſion, l'acte qui la contiendra ſera enregiſtré en la Chambre Syndicale de Paris, à peine de nullité tant du Privilege que de la ceſſion ; & alors, par le fait ſeul de la ceſſion enregiſtrée, la durée du préſent Privilege ſera réduite à celle de la vie de l'Expoſant, ou à celle de *dix années*, à compter de ce jour, ſi l'Expoſant décede avant l'expiration deſdites dix années : le tout conformément aux Articles IV & V de l'Arrêt du Conſeil du 30 Août 1777, portant Réglement ſur la durée des Privileges en Librairie. FAISONS défenſes à tous Imprimeurs, Libraires & autres perſonnes, de quelque qualité & condition qu'elles ſoient, d'en introduire d'impreſſion étrangere dans aucun lieu de notre obéiſſance ; comme auſſi d'imprimer ou faire imprimer, vendre, faire vendre, débiter ni contrefaire ledit Ouvrage, ſous quelque prétexte que ce puiſſe être, ſans la permiſſion expreſſe & par écrit dudit Expoſant, ou de celui qui le repréſentera, à peine de ſaiſie & de conſiſcation des exemplaires contrefaits, de ſix mille livres d'amende, qui ne pourra être modérée pour la premiere ſois ; de pareille amende & de déchéance d'état en

tas de récidive , & de tous dépens , dommages & intérêts , conformément à l'Arrêt du Conseil du 30 Août 1777 , concernant les Con-
trefaçons : A la charge que ces présentes seront enregistrées tout au
long sur le Registre de la Communauté des Imprimeurs & Libraires de Paris , dans trois mois de la date d'icelles ; que l'impression
dudit Ouvrage sera faite dans notre Royaume , & non ailleurs , en
beau papier & beaux caracteres , conformément aux Réglemens de
la Librairie , à peine de déchéance du présent Privilege ; qu'avant
de l'exposer en vente , le manuscrit qui aura servi de copie à
l'impression dudit Ouvrage , sera remis , dans le même état où l'Approbation y aura été donnée , ès mains de notre très-cher & féal
Chevalier , Garde des Sceaux de France , le sieur H U E D E
M I R O M É N I L ; qu'il en sera ensuite remis deux exemplaires
dans notre Bibliotheque publique , un dans celle de notre Château
du Louvre , un dans celle de notre très-cher & féal Chevalier ,
Chancelier de France , le sieur DE MAUPEOU , & un dans celle
dudit sieur HUE DE MIROMÉNIL ; le tout à peine de nullité des
présentes ; du contenu desquelles vous mandons & enjoignons de
faire jouir ledit Exposant & ses hoirs pleinement & paisiblement ,
sans souffrir qu'il leur soit fait aucun trouble ou empêchement.
VOULONS que la copie des présentes , qui sera imprimée tout au
long , au commencement ou à la fin dudit Ouvrage , soit tenue
pour duement signifiée ; & qu'aux copies collationnées par l'un de
nos amés & féaux Conseillers-Secrétaires , foi soit ajoutée comme
à l'original. COMMANDONS au premier notre Huissier ou Sergent
sur ce requis , de faire pour l'exécution d'icelles tous actes requis
& nécessaires , sans demander autre permission , & nonobstant
clameur de Haro , charte Normande , & Lettres à ce contraires :
Car tel est notre plaisir. DONNÉ à Paris , le treizieme jour du mois
de Mai , l'an de grace mil sept cent soixante-dix-huit , & de notre
notre regne le cinquieme.

PAR LE ROI EN SON CONSEIL ,

Signé LE BEGUE.

*Regiftré fur le Regiftre XX de la Chambre Royale & Syndicale
des Libraires & Imprimeurs de Paris , N°. 1301 , fol. 541 , conformément aux difpofitions énoncées dans le préfent Privilege , & à la
charge de remettre à ladite Chambre les huit Exemplaires prefcrits par
l'Article CVIII du Réglement de 1723. A Paris , ce 16 Mai 1778.*

Signé A. M. LOTTIN l'ainé , Syndic.

A ORLÉANS , de l'Imprimerie de la Veuve ROUZEAU-MONTAUT ,
Imprimeur du Roi , de l'Evêché & de la Ville.

www.ingramcontent.com/pod-product-compliance
Lightning Source LLC
Chambersburg PA
CBHW050004100426
42739CB00011B/2500